典籍里的中国

历史典故

有书 编著

天地出版社 | TIANDI PRESS

图书在版编目（CIP）数据

典籍里的中国. 历史典故 / 有书编著. -- 成都：
天地出版社, 2025. 7. -- ISBN 978-7-5455-6443-3

Ⅰ. K203

中国国家版本馆CIP数据核字第2025AB1791号

DIANJI LI DE ZHONGGUO · LISHI DIANGU

典籍里的中国·历史典故

出 品 人	杨　政
编　　著	有　书
责任编辑	袁静梅
责任校对	张思秋
封面设计	刘　洋
内文排版	谢　彬
责任印制	王学锋

出版发行	天地出版社
	（成都市锦江区三色路238号　邮政编码：610023）
	（北京市方庄芳群园3区3号　邮政编码：100078）
网　　址	http://www.tiandiph.com
电子邮箱	tianditg@163.com
经　　销	新华文轩出版传媒股份有限公司

印　　刷	河北鑫玉鸿程印刷有限公司
版　　次	2025年7月第1版
印　　次	2025年7月第1次印刷
开　　本	710mm×1000mm　1/16
印　　张	9.25
字　　数	107千字
定　　价	32.00元
书　　号	ISBN 978-7-5455-6443-3

序

中华典籍浩如烟海，传承了中国历史与文化，蕴含了先民智慧与警示。打开这套《典籍里的中国》，你将感受到中华民族五千多年的底蕴和力量。

你会在《山海经》《竹书纪年》《周礼》《淮南子》《论衡》等典籍中看到凤凰居住的地方、周穆王和西王母会面、掌管四季的神明、彭祖长寿的秘密，这是一次想象力的探险，是对世界最初的好奇与探索；会在《左传》《列子》《吕氏春秋》《战国策》等典籍中了解同舟共济、管鲍之交、破釜沉舟的典故，以及邯郸学步、郑人买履、滥竽充数的寓言，这些故事充满智慧，字字珠玑；也会在《诗经》《楚辞》《乐府诗集》《全唐诗》等典籍中看到屈原、李白吟诗作对，仿佛参与诗词诞生的过程，领略韵律之美、意境之美、情感之美；还会在《礼记》《世说新语》《昭明文选》《古文观止》等典籍中发现令人赞叹的思想和文采，这里汇聚了深刻的人生哲理，为你的人生指明方向。

在这里，我们将从典籍中的神话、典故、诗词、古文中认识中国、了解中国，并汲取其中的智慧，创造未来的中国。

目 录

《晏子春秋》

外交奇才晏婴的论辩智慧

关于作品

《晏子春秋》：是记载春秋时期齐国政治家晏婴言行的一部历史典籍。分内外篇，共八卷二百十五章。书中所蕴含的礼法治国思想、以民为本思想、尚贤任能思想、廉政思想、外交思想等在今天仍有较大的借鉴价值。

关于作者

晏婴（？—前500）：又称晏子。字平仲，夷维（今山东高密）人。春秋时期齐国著名的政治家、外交家、思想家。他聪颖机智，能言善辩。对内辅佐国政，屡谏齐王；出使他国，他坚持原则，捍卫齐国的国威。他以政治远见和外交才能闻名诸侯。过去认为《晏子春秋》这部书是晏婴撰写的，实系后人依托并采缀晏子言行而作。

南橘北枳

> 晏子避席对曰:"婴闻之,橘生淮南则为橘,生于淮北则为枳(zhǐ),叶徒相似,其实味不同。所以然者何?水土异也。今民生长于齐不盗,入楚则盗,得无楚之水土使民善盗耶?"
>
> （选自《晏子春秋·内篇杂下》）

解释 南方的橘子移植到淮河以北就成为枳。指事物随环境条件的改变而变化。

例句 在学习方法的选择上,我们要明白适合别人的不一定适合自己,切勿盲目照搬,否则可能出现南橘北枳的结果。

晏子,是春秋时期著名的政治家和外交家,曾经辅佐齐灵公、齐庄公、齐景公三代。据说,他身材矮小,相貌平常,但是才智过人,善于辩论。每次出使他国,他总能从容应对,绝不让齐国的国家尊严受到损害。

有一次，晏子出使楚国，楚王想显示楚国的威严，削弱齐国的气势，便询问谋士："晏子在齐国以口才著称，现在他来我国，我想让齐国人见识一下我们的厉害，打击他们的士气，你们有何高见？"谋士们商议良久，终于想出一计。

不久，晏子到达楚国，楚王设宴款待他，当宴会举行到最热闹的时候，下人却绑了一个人带上宴会殿堂。楚王不仅不责备，还故作惊讶地问道："被绑的人是谁？"下人连忙答道："此人是从齐国来的，在楚国行窃被我方抓获。"楚王转向晏子，故作惊讶地说："噢，怎么回事呢？齐国人都爱偷东西吗？"

聪明的晏子早已洞悉楚王的伎（jì）俩。他站起身，沉着地对楚王说："据我所知，橘树生长在淮河以南，结出的果实甘甜可口；若将橘树移栽到淮河以北，所结果实则变得又酸又苦。同一种植物，在不同地方结出的果实味道截然不同，这是为什么呢？那是因为水土不同。"晏子继续说："大王，请看殿上之人，他在齐国从未行窃，但来到楚国后却学会了偷窃，莫非楚国的水土有什么问题，会使人变成窃贼吗？"晏子的话让楚王张口结舌，脸色涨红，最终只能尴尬地笑着说："也许只是个例吧，这与国家无关。"晏子满意地点点头，然后离开了。楚王却因此心生恨意，留下了一个心结。

过了一段时间，晏子受命再次前往楚国。楚王仍然记得上次宴会上的事情，心生报复之念。他召集大臣商议，计划寻找新方法羞辱晏子。

有人提议："晏子身材矮小，可以在城门旁开一个狗洞大小的门，等晏子到来时，我们不开大门，让他走'狗洞'，肯定很丢脸。"

"哈哈哈哈……这个办法好！"楚王非常满意这个计策，准备用此方法羞辱晏子。几天后，晏子来到城门前，见到这种情景，明白楚王有意侮辱他，便对迎接的楚国大臣说："我游历过许多国家，唯有楚国这样对待外国使者。我听说只有去狗国的人才会走狗洞，而我现在是来楚国，为何也要走狗洞呢？"大臣将这番话转告给楚王，楚王既羞愧又愤怒，但又没有别的办法，只能打开大门，按照国家礼仪接待晏子。

从那之后，楚王再也不敢找借口来羞辱晏子。晏子面对复杂的外交环境，表现出无畏的态度，从此以后人们都知道，晏子凭借自己的口才，不仅使楚王自取其辱，还维护了齐国的尊严和荣耀。

思考与启示

环境对事物的发展起着关键作用。在积极向上的环境中，人们更容易受到激励，养成良好的品德和习惯；而在消极的环境中，可能会面临更多的挑战和阻碍。同时，这个故事也提醒我们在做决策和行动时要充分考虑环境的差异，做到因地制宜。还要学会适应环境的变化，调整自己的行为和思维方式以更好地生存和发展。

"南橘北枳"是真的吗？

从现代植物学的角度来看，橘和枳虽然都属于芸（yún）香科柑（gān）橘属，但它们仍然是两个不同的物种，在形态特征、果实特性以及用途上都有显著差异。比如橘和枳果树的大小不同，橘树偏高大，枳相对要矮小一些；橘是乔木，叶子总是绿色的，而枳是灌木或小乔木，在冬天就会落叶，枝上光光的；橘极少有刺，而枳的枝上布满了利刺；橘的果实酸甜可口，所以橘多被当成水果食用，而枳的果实酸涩不好吃，所以人们总是用它的枝干来做篱笆围墙。

由此可见，橘和枳是两种不同的植物，不论环境如何变化，橘不可能变成枳，枳也不可能变成橘。

关于"南橘北枳"的真假问题，在古代就有讨论了。比如唐朝陈藏器认为，"书曰：江南为橘，江北为枳。今江南具有枳、橘，江北有枳无橘，此自别种，非干变易也。"明确指出橘和枳是不同的物种。宋朝的车若水从嫁接和种植的实际经验否定了"南橘北枳"的合理性。

《左传》

中国古代第一部叙事详备的
编年体史书

关于作品

《左传》：也称《春秋左氏传》或《左氏春秋》。《左传》是中国古代第一部叙事详备的编年体历史著作，起于鲁隐公元年（前722年），终于鲁悼公四年（前464年）。书中保存了大量古代史料，在史学和文学史上都具有极高的地位。《左传》和《公羊传》《穀梁传》合称"春秋三传"。

关于作者

左丘明：一说复姓左丘，名明；一说单姓左，名丘明。鲁国人。春秋时史学家。双目失明，曾任鲁太史，或为讲诵历史及传说的史官，相传曾著《左传》，又传《国语》也是他的著作。

城下之盟

> 楚人坐其北门，而覆诸山下，大败之，为城下之盟而还。
>
> （选自《左传·桓公十二年》）

解释 指在敌军兵临城下时，被迫签订的屈辱性盟约，泛指被迫签订的不平等条约。

例句 弱国无外交，在强国的逼迫下，他们被迫签订了城下之盟，失去了大片领土和重要资源。

当历史的齿轮从西周进入到春秋时期，中国历史进入一个战乱频发、诸侯争霸的时代。大的诸侯国想要成为霸主，小的诸侯国则是战战兢兢想要保命。

公元前 700 年，楚国起兵攻打绞国（今湖北郧县西北）。军队就驻扎在绞国南门。

楚武王召集将领开了一场战前战术讨论会，会议的主题就是怎么攻打绞国。一位名叫屈瑕（xiá）的大将非常熟悉绞国。他说："绞国国力弱小，他们的将领和士兵缺乏经验，行事缺乏计谋，为何不利用这个弱点，这样一来，不就能攻克城池了吗？"紧接着他向楚武王提出了一个计策。楚武王听后不禁连连称赞："不错，这是个好主意！"

另一边，绞国的军队正在城楼上严阵以待，左等右等，发现楚国并不来攻打，只有几十个楚国樵（qiáo）夫在那旁若无人地砍柴，看起来很奇怪。于是，绞国的将领马上派士兵去抓捕，发现这些樵夫是乔装打扮的楚国士兵。一下子抓住了三十个楚国士兵，绞国的将领很高兴，一副打了胜仗的样子，跟上面的官员吹嘘自己的功绩。

等到第二天，绞国的士兵们看到又来了一批"樵夫"，不等将领的命令，就纷纷争先恐后出城，想要抓住"樵夫"们领功。不料此时埋伏在一旁的楚军猛地一下冲杀出来，杀得绞国措手不及，士兵们纷纷丢盔弃甲，绞国也损失了大部分兵力。

绞国这才明白自己中了楚国的计。原来楚国是故意派士兵装成樵夫上山砍柴，又故意露出破绽让绞国尝到甜头，然后早早在山下埋伏好士兵，就等引诱出绞国士兵，杀一个措手不及。

绞国眼看就要破城亡国，这个时候，楚国提出要和绞国建立城下之盟，要求绞国向楚国称臣，每年纳贡大量的金银财宝。国力弱小的绞国，只能选择依附强国，咬着牙同意了这个不平等的盟约。

典籍里的中国·历史典故

思考与启示

历史上众多的城下之盟往往伴随着战争、苦难和破坏，这让人们深刻认识到战争的残酷性和和平的珍贵，只有共同努力维护和平稳定的国际国内环境，才能实现可持续发展和人民幸福生活。同时，在任何领域，只有具备足够强大的实力，才能在谈判和竞争中掌握主动权。无论是国家的综合国力，还是个人的专业能力和综合素质，都是赢得尊重和避免陷入被动局面的关键。

拓展阅读

近代中国曾被迫签订的不平等条约

清末时期，西方已进入资本主义时代，英国成为工业强国，并不断向外进行殖民主义扩张。为了开辟海外市场，他们向中国运来布匹等，但中国历来男耕女织，导致他们的货物严重滞销。与此同时，中国向英国输出的茶叶、生丝等却销路很旺。英国为了改变这种不利局面，开始向中国大量走私鸦片，导致中国白银外流，银价飞涨，财政困难。1838年底道光帝派林则徐为钦差大臣赴广东查禁鸦片，次年在虎门海滩当众销毁鸦片 237 万余斤，史称"虎门销烟"。中国禁烟的消息传到伦敦，1840 年 6 月，英国在美、法两国支持下发动侵华战争，民众奋起抗英，但终究不敌。至 1842 年，中国签订了丧权辱国的《南京条约》，这是中国近代史上第一个不平等条约。从此，西方资本主义侵略者打开了中国的门户，中国开始由封建社会逐步沦为半殖民地半封建社会。

鸦片战争后，西方列强不满足既得利益，企图进一步打开中国市场，扩大侵略权益，英、法两国在俄、美两国的支持下，对中国发动了第二次鸦片战争。沙俄趁机于 1858 年 5 月间用武力迫使清政府签订《中俄瑷珲条约》；清政府于 6 月与俄、美、英、法四国代表分别签订《天津条约》；11 月签订中英、中法、中美通商章程；1860 年 10 月，英法联军控制北京城，焚掠圆明园，同月签订中英、中法《北京条约》；11 月沙俄又迫使清政府签订《中俄北京条约》。外国资本主义进一步侵略与清朝统治者妥协投降，使中国又一次丧失大量领土和主权。

与此同时，日本为夺占朝鲜、侵略中国，处心积虑，于 1894 年发动中日战争，因 1894 年是农历甲午年，这场战争被称为"甲午中日战争"。日军于旅顺大肆屠杀百姓，尽管中国人民和爱国官兵英勇作战，但因清政府腐败无能，终遭失败，并订立丧权辱国的《马关条约》，加深了中国的半殖民地化和民族危机。

《马关条约》签订后，俄国联合法国、德国迫使日本放弃辽东半岛，日本则向中国索取了 3000 万两白银作为"赎辽费"。以此为契机，列强在中国掀起了抢夺利权、强租租借地、划分"势力范围"的瓜分中国狂潮。面对民族危亡的威胁，中国人民掀起了反对帝国主义的义和团运动。

1900 年，英、美、俄、日、法、德、意、奥八国为镇压反对帝国主义的义和团，共同组织联军侵华。1901 年 9 月，清政府被迫同英、美、俄、日、法、德、意、奥、比、荷、西 11 国，签订了丧权辱国的《辛丑条约》。这是中国近代史上赔款数目最庞大、主权丧失最严重的不平等条约。从此，清政府沦为帝国主义列强统治中国的工具，中国完全陷入半殖民地半封建社会的深渊。

直到 1911 年辛亥革命，中国人民终于推翻了清朝的统治，结束了延续两千多年的君主专制制度，建立了中华民国。后经历北洋政府的统治与军阀割据、新民主主义革命、艰苦卓绝的抗日战争、全面内战等，至 1949 年，中国人民终于在中国共产党领导下建立中华人民共和国，迎来了新中国的诞生。

唇亡齿寒

> 晋侯复假道于虞（yú）以伐虢（Guó）。宫之奇谏曰："虢，虞之表也。虢亡，虞必从之。晋不可启，寇（kòu）不可玩，一之谓甚，其可再乎？谚所谓'辅车相依，唇亡齿寒'者，其虞、虢之谓也。"
>
> （选自《左传·僖（xī）公五年》）

解释 嘴唇没有了，牙齿就会感到寒冷。比喻两者关系密切，相互依存，利害相关。

例句 这两个国家唇亡齿寒，如果一个国家被灭，另一个国家也会有危险。

春秋时期，晋国通过不停地扩张，将晋西南周边的一些小国，如耿国、霍国、魏国、翼国等尽数吞并，这一带仅存的诸侯国就剩虞国和虢国两个小国。这两个国家山水相连，祖先又都姓姬，所以世代和睦相处，经常一起对抗外敌。只要他们在一起合作，大国就不敢随意侵犯。

虢国不仅是晋国争霸路上的障碍，还是晋国的死对头，曾经多次借着地理位置的优势攻打晋国，每次都给晋国带来重创。对于晋献公来说，这个仇必须报。

有一次，晋献公问大臣荀息："现在我们有办法可以攻打虢国吗？"荀息回答说："不行，虞、虢世代交好，如攻打虢国，虞国一定来援助，他们联合在一起，力量很强大，我们难以取胜。"献公说："虢国地理位置优越，虢公最近又打败了犬戎（古族名），难道要任其发展强大吗？"

荀息说："不，虢公性格骄纵，这时候胜利反而对他不好。我们再送他一些美女，让他更加狂妄。如果一个君主德行缺失，这个国家迟早会出问题。"虢国有一位让晋国忌惮（dàn）的大臣舟之侨也发现了虢公德行的缺失，经过再三考虑，举家来到了晋国。

公元前 658 年，晋献公见时机成熟，准备举兵。大臣荀息献计："想攻打虢国，得先借道虞国，所幸虞君是个贪心短视的人，可以送给他屈地出产的千里马和来自垂棘（jí）（古地方名）的宝玉，让他借道给我们攻打虢国。只要虢国灭了，虞国也跑不掉。"

献公很心疼千里马和宝玉："这可都是晋国的宝物啊，我舍不得。"荀息说："就算他们收下了礼物，也只不过暂时属于他们罢了。把宝玉放在虞国，就好比把它从屋里移到屋外；把千里马送给虞国，就好比把马从圈里牵出来养在圈外一样。宝玉和千里马仍是我们的，您还有什么可担忧的呢？"晋献公采纳了荀息的建议，派他把礼物送给虞国。

虞公身边的大臣宫之奇听说此事后就劝虞公不要借道。可是虞公短视，贪图宝玉和千里马，答应了晋国第一次借道的要求。

　　此时的虢国正在和犬戎对战，当荀息带领兵马经过虞国，进攻虢国，打了虢国一个出其不意。晋国很快就占领了虢国的都城下阳。这次借道后，晋国分享了一些战利品给虞国。虞公对晋国越来越放心，于是在晋国提出第二次借道的时候，毫不犹豫就要答应。

　　这时，宫之奇强烈劝阻说："我们不能答应晋国的要求啊！引进外国的军队非常危险！一次已经够了，难道还要来第二次吗？俗话说'嘴唇没有了，牙齿就会感到寒冷'。我们和虢国的关系就如同嘴唇和牙齿一样，互相关联。"

　　虞公不以为然地反驳道："不会的，晋国是我的宗族，难道还会害我吗？"

　　宫之奇说："晋国发生内乱的事情您也知道的，他们连最亲近的人都能无辜杀害，怎么可能会爱惜我们国家呢！"宫之奇苦口婆心，但是虞公又拿出了自己祭祀神明很恭敬，神明会保佑的理由。纵然宫之奇有着晋国都畏惧的才能，但虞公就是不听他的劝阻。

　　于是，悲剧很自然地发生了。晋国在灭掉虢国以后，就直接住在虞国，顺手就消灭了虞国。目光短浅的虞公也被晋国俘虏，从此失去了国家，而宝玉和千里马又回到了晋国。值得一提的是，这次晋国抓住了虞国的大夫井伯，之后井伯作为晋献公女儿的陪嫁之臣一起去了秦国。而这位井伯就是后来赫赫有名的百里奚（xī），他用自己的谋略帮助秦穆公建立了霸业。

思考与启示

在国际关系中，国家之间往往存在着相互依存的关系，没有一个国家可以完全孤立地存在和发展，各国在经济、政治、文化等方面相互联系，相互影响。在人际交往中，人与人之间也存在着相互依存的关系，一个人的成功往往离不开他人的支持和帮助，而他人的困难也可能会影响到自己。虞国国君贪图眼前的利益，没有看到虢国灭亡后自己也将面临的危险，故事提醒我们在做决策时，不能只看眼前的利益，要有长远的眼光和大局意识。

拓展阅读

古代真的有千里马吗?

晋国贿赂虞国用了两件宝物，其中之一就是屈地的千里马。在古代，千里马被视为极其珍贵的财富和重要的战略资源，许多帝王将相都热衷于寻找千里马，以增强自己的军事力量和威望。

在很多史籍和文学记载中，都可以看到千里马的身影。《楚辞·卜居》中，"宁与骐（qí）骥（jì）亢轭（è）乎，将随驽（nú）马之迹乎？"这里的"骐骥"在一定程度上可以理解为千里马。再如周穆王的八骏、汉朝时大宛国进贡的汗血宝马、项羽的乌骓（zhuī）、刘备的的（dì）卢、关羽的赤兔、隋文帝的狮子骢（cōng）、唐太宗的六骏等都可以叫作千里马。

那古代真的有一日能跑千里的马吗？

其实古代千里马并非指一种特定品种的马，而是泛指那些具有非凡奔跑能力和耐力的好马。韩愈在《马说》中提到，"世有伯乐，然后有千里马"，强调了识别千里马的重要性。千里马需要合适的驾驭者才能发挥其长处，否则即使是非常优秀的马也难以展现出真正的速度，这表明了千里马的价值不仅在于其自身的速度和力量，更在于能否得到恰当的饲养和使用。

皮之不存，毛将焉附

> 冬，秦饥，使乞籴（dí）于晋，晋人弗与。庆郑曰："背施无亲；幸灾不仁；贪爱不祥；怒邻不义。四德皆失，何以守国？"虢射曰："皮之不存，毛将安傅？"
>
> （选自《左传·僖公十四年》）

解释 皮都不存在了，毛还能长在哪里？比喻事物失去赖以生存的主体，就很难存在下去。

例句 国家的稳定与繁荣是人民幸福生活的保障，正所谓皮之不存，毛将焉附，每个人都应努力为国家的发展贡献力量。

春秋时期，晋献公死后，晋国陷入内乱。晋国公子姬夷吾为了得到秦国的支持，亲口向姐夫秦穆公许诺将晋国的河西之地给秦国。后来，他在秦国的支持下当上了晋国国君，也就是晋惠公。但是登上国君宝座后，他却不肯割让城池。

公元前 647 年，晋国遇到了大饥荒，无奈之下，晋惠公厚着脸皮向秦穆公求助，希望能买点粮食救急。

但晋惠公言而无信在前，针对要不要救助晋国这件事情，秦穆公召集大臣开了一个会议。秦穆公问百里奚，百里奚说："天灾频发，各国都有可能发生，帮助邻国救灾是国家的道义，应该帮助晋国。"

一位叫邳（pī）豹的人提出异议："应该趁此机会攻打晋国。"

秦穆公思考片刻说道："虽然晋惠公确实有罪，但晋国的百姓有什么罪呢？"秦穆公动用了大批船只，通过黄河向晋国输送救济粮，秦国的粮食从秦国都城运到晋国都城，络绎不绝，史称"泛舟之役（yì）"，这是我国历史上第一次有明确记载的内陆河道水上运输事件。

到了第二年的冬天，秦国发生了饥荒。秦穆公派人到晋国去购买粮食。晋惠公也召集大臣们开会商讨此事。

大臣庆郑说："晋国闹饥荒时，秦国立即运来粮食援助我们，如今秦国闹饥荒，还有什么可商量的？应该立刻援助。"

这时，一位叫虢射的大臣却提出了不同的意见："这都是天意，我们应当趁此机会攻打秦国。"

庆郑一听，脾气都上来了，声嘶力竭地说："背弃秦国给予的恩惠和帮助，是为不亲；对邻国的灾难兴高采烈，是为不仁；贪爱自己的东西，不肯救济别人，是为不祥；激起邻国的愤怒，是为不义。四处失德，还怎么守护国家的安全和安定呢？"

虢射不以为然反问道："皮都不存在了，毛将附着在哪里？"

庆郑说："如果丢弃信用，背弃邻国，以后我们再有困难，谁来救济？没有信用就会发生灾难，失掉救援必定灭亡。"

虢射不为所动，说："我们曾经在土地割让上失信于秦国，现在即便卖粮给它，也不会减少秦国的仇怨，而且会让他们更加强大，不如不给。"

　　庆郑坚持说："背弃恩惠，幸灾乐祸，为百姓所唾弃。这样做的话，亲近的人都会结仇，何况是敌人呢？"

　　同样是两种不同的意见，秦穆公选择了救助晋国的老百姓，而晋惠公却再次选择言而无信，听取了虢射的意见。他不仅拒绝了秦国购粮的请求，还派兵攻打秦国。庆郑只能无奈叹息："国君，您将来一定会后悔的。"

　　第二年，秦国与晋国发生了战争，晋惠公兵败被秦国俘虏，还差点成了祭品，结局很是凄惨。

思考与启示

　　皮是整体，毛是部分，这强调了整体对部分的重要性。在现实生活中，个人是社会这个整体的一部分，社会的稳定、繁荣为个人的发展提供了条件和保障。如果社会动荡不安，经济衰退，个人的生活也会受到极大的影响。因此我们既要认识到整体对部分的决定作用，也要重视部分对整体的反作用，努力做好自己的事，为整体的发展贡献力量。

春秋战国时期人们吃什么粮食?

这是一则关于借还粮食的民心之战,那你有没有好奇过春秋战国时期的粮食都有哪些? 与我们今天普遍食用的粮食有什么不一样?

在春秋战国时期,种植规模最大的就是粟(sù)和黍(shǔ)。粟就是小米,粟由于产量高,颗粒较小,质地坚硬,容易保存,在战争频繁、物资匮乏的春秋战国时期,就成为重要的战略储备粮食,也成了古代朝廷救灾的重要物资。《左传》就有记载:"国之贫约孤寡者,私与之粟。"

黍是黄米,黄米形态与小米相似,但比小米略大,颜色偏淡,可以煮成饭食,也可以磨成粉制作糕点等。黍常常被用作祭品,这体现了黍在当时文化和宗教中的特殊地位。

大麦和小麦的种植也逐渐增多,人们可以把它磨成面粉,制作面食,为饮食提供了更多的选择。

还有菽(shū),也就是豆类,包括大豆、绿豆、红豆等,富含蛋白质和其他营养成分,是人们饮食的重要补充。在粮食不足的情况下,豆类可以作为充饥的食物。而且豆类的根部具有固氮作用,可以改善土壤肥力,因此在农业生产中,豆类常常与其他粮食作物轮作以提高土地的利用率。

此外,在南方地区,水稻也有一定的种植量,但由于交通不便等因素,其在全国范围内的影响力相对较小。

居安思危

《书》曰："居安思危。"思则有备，有备无患，敢以此规。

（选自《左传·襄公十一年》）

解释 居：处在。指在安定的环境中，也要想到可能出现的危难。

例句 历史告诉我们，一个国家只有居安思危，不断发展壮大自身实力，才能在世界之林中立足。

春秋是一个风雨飘摇、局势动荡的时代，在春秋初期，郑庄公还是率先崛起的"小霸"，但到了春秋末期郑国已经成为一个在夹缝中生存的弱国。

郑国位处晋国和楚国的中间，对于晋楚两个大国来说，谁制服郑国，谁就能取得争霸路上的有利位置。因此两国对于郑国的争夺从未停歇。郑国夹在中间左右为难：与晋友好，则楚国会找郑国麻烦；与楚交好，又会被晋国狠狠修理。两个国家都得罪不起，但只要晋楚有摩擦，郑国就会遭殃，这让郑国国君郑简公非常头疼。

郑国的基本国策就是"唯强是从"，谁强听谁的。卿大夫们就向郑简公建议道："现在晋国实力更强，我们应该早点顺从晋国"。

郑简公有点担心，他说："我也想让晋国保护我们，但是如果很轻易地去投靠，恐怕晋国会看不起我们，而楚国也会趁机进攻我们。"

一位名叫子展的卿大夫说："我们可以假装攻打邻近的宋国，宋国依附的是晋国，晋国肯定会带着诸侯国来救宋国。这个时候我们再请楚国来救，可是楚国实力不如晋国，一定会失败的，那我们可以向晋国投降，而楚国这次受到了损失，肯定也不会再来攻打我们。"

弱国无外交。弱国的每一个决策都牵扯到国家的命运。但好在这个计策如子展设想的那样顺利展开了。

夏季，郑国派子展率军入侵宋国。

四月，以晋国为首的诸侯联军进攻郑国。

六月，郑国向诸侯联军求和。

七月，各诸侯和郑国结盟。

紧接着，楚国和秦国结盟，秦军跟随楚王进攻郑国，郑国前去迎接表示顺服。七月二十七日，郑再次攻打宋国。

九月，诸侯联军用全部兵力再次进攻郑国。

十月，郑国派子展和晋悼（dào）公结盟。晋国赦免郑国的俘虏，通告其他的诸侯国。其他的诸侯国看到晋国和郑国定下了盟约，纷纷退兵撤离郑国。

战争是如此的残酷，郑国经历这一番惨痛的周折总算是和晋国结盟。为了感谢晋国的庇护，郑国给晋悼公献上了许多珍贵的礼物，光是珠宝就有好几车，还有配齐甲兵的兵车和许多乐师、乐器。

晋悼公对郑国的敬献感到十分高兴，他对大臣们论功行赏。大臣魏绛（jiàng）在战斗中立下大功，晋悼公差人赏给他很多礼物。但是魏绛却拒绝了赏赐，他对晋悼公说："这八年中有九次会合诸侯，诸侯顺从这是君王的威严和其他人的功劳，我贡献的那点力量又算什么呢？"紧接着他又说道："我既希望君王享受这份快乐，又希望君王能想到真正的快乐是安定邦国，治理好附近的小国。人在安定的时候，一定要想到未来有可能发生的危险，提前做好准备，这样才能避免灾祸的发生。"

在战争频发的春秋时期，或许今天的强国在不多远的未来就会被打败，成为弱国，就如刚开始的郑国一样。

晋悼公听完若有所思，不禁感慨道："我听说古代那些贤明的君主身边都有你这样时刻牵挂百姓的人，我应该好好听取你的意见。"此后，晋悼公很快修整军队，回到了晋国，也更加敬重魏绛。

思考与启示

在安逸的环境中，人们往往容易放松警惕，失去前进的动力。然而，历史告诉我们，危机往往隐藏在平静的表象之下，只有时刻保持忧患意识，才能及时发现潜在的风险，并采取有效的措施加以应对，包括积累资源、提升能力、制定应急预案等。只有未雨绸缪，才能在危机来临时从容应对，减少损失。

为什么春秋时期有很多国家?

晋国、楚国、郑国和宋国……在春秋时期有记载的国家就有 100 多个。为什么有这么多国家呢?这要从周王朝开始说起。

周分为西周和东周两个时期。周武王姬发在吕尚、周公等人的辅佐下灭掉了商王朝,这就是我们熟悉的武王伐纣。周武王建立了周朝,定都镐(hào),史称西周。为了稳定政局,巩固疆土,周王实施了一种社会等级制度——分封制,根据血缘关系远近和功劳大小将宗亲和功臣等分封到各地,授予他们管理土地和人民的权力,建立诸侯国。

这些大大小小的诸侯国服从周王调兵命令,向周王进献贡物,但也有很大的独立性,他们可以在自己的封地内再分封。

等到了公元前 770 年,周平王将国都从镐(hào)京东迁到洛邑(yì),中国历史从此进入东周时期。东周前期也被称为春秋时期。这个时候的周王虽然在名义上仍然是天下"共主",但地位已经下降,诸侯国不再定期向天子纳贡,也不再把土地分封给卿大夫,分封制逐步瓦解,各诸侯国为了自身的利益相互之间展开激烈的争斗。一些强大的诸侯国为夺霸主的地位发动战争,齐桓公、晋文公、秦穆公等先后称霸。而一些小国在战争中多次受到伤害,如文中的郑国遭受战祸 70 多次,宋国也有 40 多次。这就能理解郑国为什么想方设法地投靠霸主了吧。

《孙子兵法》

世界现存最古老的兵书

关于作品

《孙子兵法》：亦称《孙武兵法》《孙子》。是中国现存最早的兵书，也是世界现存最古老的军事理论著作。该书揭示了一系列带有普遍性的军事规律，提出诸多精辟的用兵法则，包含朴素的唯物论和辩证法思想，并形成系统的军事理论体系，是中国古代军事文化遗产中的瑰宝。

关于作者

孙武：字长卿，齐国人，春秋末期思想家，兵家奠基人。世人尊称他为"孙子"或"孙武子"。他曾率领吴国军队大破楚国军队，占领了楚的国都郢（yǐng）城，几乎灭亡楚国。

同舟共济

> 夫吴人与越人相恶也，当其同舟共济，遇风，其相救也如左右手。
>
> （选自《孙子兵法·九地篇》）

解释 济：渡河。原意是指大家同坐一条船过河，比喻同心协力共同战胜困难。

例句 在困难面前，我们应该同舟共济。

孙武因其卓越的军事才能被称为兵家的奠基人。有一次，有人问孙武："怎样用兵才能不败？"

孙武提出了一个不败的用兵阵法，那就是常山阵。常山阵是说用兵打仗应该像常山的蛇一样：打它的头，尾巴就会甩过来打人；打它的尾巴，头部就会来咬人；打它的腹部，头尾都会来夹攻敌人。用兵打仗就应该这样首尾兼顾地反击敌人。

"可是军队由来自天南海北的士兵组成，有可能把他们指挥得像常山的蛇一样灵活吗？"这人继续提出了自己的疑问。

孙武回答说："当然可以了。"说着孙武就讲起了一个关于吴国和越国的故事。

春秋时期，吴国和越国之间经常交战，两国的人都互相视对方为仇敌。

一天，在吴越交界处河面的一艘渡船上，乘坐着十几个吴国人和越国人。吴国人说："要不是看着下雨了，我才不坐这艘船呢。"越国人也看吴国人不顺眼："哼，真晦气，碰上了这群吴国人。"

两个地方的人互相看不惯，谁也不理睬谁，双方都尽量往船两边靠，气氛显得又沉闷又紧张。

撑船的艄（shāo）公尤其紧张，他左看看吴国人，右看看越国人，在心里感慨："这单生意可真不好做啊，希望他们千万不要打起来。"

船渐渐地向江心驶去，就在快到江心的时候，突然狂风大作，刹那间乌云满布，暴雨倾盆而下，汹涌的巨浪一个接着一个向渡船扑来。风雨无情，可不管你是哪国人，船上的吴国人和越国人都跟着渡船颠簸。

吴国孩童吓得哇哇大哭，越国老太太根本就站不住身子。艄公喊大家赶快躲进船舱，年轻的船工飞速奔向桅杆，他想要解开绳索把篷（péng）帆解下来，但是由于船身在风浪中上下颠簸，绳索怎么都解不开。

风越来越大了，再解不开绳索，渡船很可能就会翻掉，大家都会有生命的危险。就在这样的紧急时刻，一个年轻的吴国人和一个年轻的越国人同时站了出来，紧接着又有年轻的吴国人和越国人同时冲了出去，大家顶着狂风巨浪，一起去解绳索。他们在行动上配合得井然有序，就像左手和右手一样默契。

"用力，大家一起用力。"

"力气大的年轻人跟我来。"

"解开了！绳子解开了！"有人欢呼了起来。渡船上的篷帆终于降了下来，颠簸着的渡船也慢慢稳定下来，大家一起渡过了危难时刻。此时，不论哪个国家的人，大家的脸上都挂着劫后余生的幸福笑容。

艄公望着大家感慨地说："今天这活儿接得值！要是吴越以后也能这样该多好啊。"

势不两立的吴国人和越国人在遇到大风的时候都能团结在一起，互相救助，孙武认为仇人在危险时都能同舟共济，那没有冤仇、兄弟情深的将士们在战场上必然能成为一个首尾呼应的整体。

思考与启示

在共同的困境或目标面前，人们必须齐心协力、合作无间，才能共渡难关。当人们同舟共济时，意味着共同承担风险和责任，"舟"上的每个人都对"舟"的安全负有责任，任何一个人的疏忽都可能导致全员危险。只有所有人都朝着同一个方向努力时，才能摆脱困境或实现目标。明确的目标可以凝聚人心，激发人们的积极性和创造力。

武经七书

兵书是中国传统文化的重要组成部分，凝聚了古人的智慧和经验，除孙武的《孙子兵法》之外，我国还有很多著名的兵书：

比如战国吴起的《吴子兵法》，继承和发展了《孙子兵法》的相关思想，总结了战国初期及其以前的战争经验，在历史上曾与《孙子兵法》齐名，并称为"孙吴兵法"。同样继承并发展"孙吴兵法"的还有战国时兵家尉（wèi）缭（liáo）所著的《尉缭子》。

战国中期齐威王命大夫整理古司马兵法时，把春秋时齐国大将司马穰（ráng）苴（jū）兵法附上，于是称为《司马穰苴兵法》，该书较多地辑存了春秋以前的军事制度和军事思想。

还有传说为姜太公所撰的《六韬（tāo）》。书中提出文伐与伐兵相结合，记述了早期参谋机构的组织和人员的职责，选将练士之道，等。

还有相传为黄石公所撰的《三略》。此书主张义兵必胜，军将与民众是决定战争胜负的重要因素。该书兼采众家之长，又自成体系。

唐太宗李世民曾与卫国公李靖讨论兵法，两个人系统总结传统兵学，并提出新的见解，最终这场讨论以问答的形式写成《唐太宗李卫公问对》。

北宋时期，官方将以上七部兵书合在一起颁行，名为《武经七书》。该书是北宋官方颁行的中国第一部军事教科书，确立了兵学在中国传统文化中的正统地位，促进了中国古代军事学术的发展。

《列子》

蕴含大智慧的哲理奇书

关于作品

《列子》：内容多为民间故事、寓言和神话传说。此外，书中还借寓言和故事对各种自然科学进行了讨论，如"小儿辩日""偃师造人"等。唐玄宗时诏告为《冲虚真经》，列为道教的经典。

关于作者

列子：即列御寇。相传是战国时期郑国人，道家，被道家尊为前辈。《庄子》中有许多关于他的传说。

管鲍之交

> 管仲尝叹曰:"吾少穷困时,尝与鲍叔贾(gǔ),分财多自与,鲍叔不以我为贪,知我贫也。吾尝为鲍叔谋事而大穷困,鲍叔不以我为愚,知时有利不利也……生我者父母,知我者鲍叔也!"
>
> (选自《列子·力命》)

解释 原指春秋时期的管仲和鲍叔牙二人深厚的交情,后泛称深厚的友情。也称作"管鲍之好""管鲍之谊"。

例句 在人生的道路上,若能得一管鲍之交,实乃一大幸事。

　　管仲和鲍叔牙都是春秋时期齐国人,两人从小就是好朋友。鲍叔牙觉得管仲很聪明,一直很欣赏管仲。后来,管仲的父亲去世了,管仲的家境也变得贫困起来,但这一点都不影响管仲在鲍叔牙心目中的形象,鲍叔牙依然觉得管仲有才华。

于是，鲍叔牙决定拉着管仲一起做生意。到了分钱的时候，管仲总是会多拿一点。有人对鲍叔牙说："管仲太贪心了，你怎么还和他一起做生意？"鲍叔牙却笑着说："管仲不是贪心。他家里穷，多拿一点是应该的。"

后来，鲍叔牙和管仲一起去当兵，每次打仗，管仲总是往后面躲。大家都骂管仲是胆小鬼，只有鲍叔牙替管仲解释："管仲不是胆小，他是要留着命回去照顾他的老母亲。"

管仲曾经多次当官，但经常受到责备，不被人重视，就连管仲自己都有点灰心了，鲍叔牙却说："这是你运气不好，没有遇到看重你的人。"鲍叔牙和管仲两个人的友谊就这样越来越深厚。

当时，齐国国君齐僖（xī）公的三个儿子都需要找老师辅佐，这三个儿子分别是公子诸儿、纠和小白，公子诸儿是嫡长子，按照嫡长子继承制，诸儿最有可能成为下一任君主。在齐僖公让鲍叔牙辅佐小白的任命下达后，鲍叔牙心生不满，感觉自己没有得到尊重，于是称病不出。这时管仲来了，他劝说道："公子诸儿虽然年长，但人品不佳，未来前途还说不定呢。我认为未来能统治齐国的就在纠和小白这两位公子之中。"经过管仲的一番分析，一向欣赏管仲才能的鲍叔牙被说服了。

鲍叔牙问："那我应该怎么辅佐公子小白呢？"管仲回答说："为人臣的，对君主不竭尽心力就不能得到亲信，君主不亲信则说话不灵，说话不灵则国家不能安定。总之，侍奉君主不可存有二心。"

鲍叔牙听从管仲的建议，一心辅佐公子小白。管仲则辅佐另一位公子纠。后来事情的发展也如管仲所料，公子诸儿当上君主以后，荒淫无道，国家动荡不安。他被杀后，齐国没有了国君。鲍叔牙和管仲则各自带着自己辅佐的公子急忙赶回齐国，争夺君主之位。为了早一步到达，管仲还急行到半路上向公子小白射了一箭，虽然只是射中了小白束腰的带扣，但管仲成了小白心中的仇人。

小白夺位成功后被立为齐桓（huán）公，公子纠则被杀害，管仲也被囚禁了。这个时候，鲍叔牙又站了出来，在齐桓公问他如何安定国家的时候，他回答道："想想国家强大需要有才能的人，而管仲很有才能，可以治理好国家。"

齐桓公一听不太乐意："他可是我的仇人，我想杀掉他。"鲍叔牙回答："我听说贤明的君主没有个人怨恨，一个人能尽力为主人做事，也一定能为国君做事，您想要称霸，非管仲不可。"

鲍叔牙曾按照管仲的建议，一心辅佐公子小白，公子小白当上君主以后，对鲍叔牙仍然是非常信任。所以齐桓公听到鲍叔牙如此推荐，便与管仲消除了过去的芥蒂（dì），将国政交给管仲，尊称管仲为"仲父"。管仲也没有辜负齐桓公和鲍叔牙的信任，在齐国进行改革，实施了许多出色的政策，让齐国的国力大增，帮助齐桓公成为春秋霸主。管仲成了著名的政治家，广受人民的赞誉。

而鲍叔牙，他并没有因为管仲的地位超过自己而心生嫉妒，反而为管仲的成就感到由衷地高兴。管仲常常感慨说："养育我的是父母，但真正了解我、造就我的是鲍叔牙。"

管仲和鲍叔牙之间真挚的友谊就这样越传越广，流传了一代又一代，直到现在仍然让人感动。

人的一生会遇到很多朋友，但真正的知己却可遇而不可求，生活中大多数好朋友也是从普通朋友开始做起的，所以我们在人际交往中，其实不必拿着"完美朋友"的标准去交友，也不能仅凭表面行为就对他人产生偏见，而要试着去理解对方的处境和动机，以包容的心态接纳朋友的不完美，这样才能建立起稳固而长久的友谊。

拓展阅读

古代的君子之交

自古以来，中国人就很重视君子之交，除鲍叔牙和管仲之外，历史上还有许多友谊典范。比如《列子·汤问》中记载，伯牙擅长弹琴，钟子期善于倾听。伯牙弹琴的时候，心里想到巍峨的泰山，钟子期听了赞叹道："好啊！就像巍峨的泰山屹立在我的面前！"伯牙弹琴时心里想到宽广的江河，钟子期赞叹道："好啊，宛如一望无际的江河在我面前流淌！"无论伯牙弹琴的时候心里想到什么，钟子期都能准确地说出他的心意。

钟子期去世后，伯牙认为世界上再也没有他的知音了，于是，他把自己心爱的琴摔破，挑断了琴弦，终生不再弹琴。这个故事表现了人们对知音的珍视和渴望以及失去知音后的悲痛与决绝，它也成了后世形容知音难遇、友情深厚的经典典故。

　　再比如，《后汉书·祢（mí）衡传》中记载，东汉名士祢衡少年时十分聪慧，富有才华，为人善辩，刚直且有一些傲慢任性，经常做一些违背时俗之事。他只与孔融和杨修关系好，曾表示只有孔融和杨修够格做自己的朋友，其余的人碌碌无才，根本不值得一提。孔融也很欣赏祢衡的才华，而当时祢衡才二十岁左右，孔融已经四十岁了，尽管年龄差异很大，但二人仍然结交成为非常要好的朋友。这便是忘年交，也就是不拘年岁、辈分差距而结成的好友。

歧路亡羊

> 杨子之邻人亡羊，既率其党，又请杨子之竖追之。
>
> 杨子曰："嘻！亡一羊，何追者之众？"
>
> 邻人曰："多歧路。"……曰："歧路之中又有歧焉，吾不知所之，所以反也。"
>
> （选自《列子·说符》）

解释 因为岔路多而难以寻找丢失了的羊。比喻因情况复杂多变而容易迷失方向，误入歧途。

例句 如果没有正确的学习方法，就容易迷失方向，歧路亡羊，很难取得好成绩。

　　杨朱从小热爱学习，思维敏捷。他学习老子的道家理论，后来成了知名的哲学家，并开创了杨朱学派。

　　杨朱反对墨子"兼爱"的观点。所谓"兼爱"，就是无差别地爱所有的人和事物，就像爱自己一样。然而，杨朱主张"贵生"和"重己"，即注重个人生命的保护，把自己的感情和思想放在首位。他反对别人侵夺自己的权益，也反对自己侵夺别人的权益。在杨朱看来，如果每个人都关心自己、爱护自己，并且不剥夺别人的权益，人与人之间的相处就会和谐无比，根本不需要"兼爱"。当时，杨朱的声望很高，很多人在他的门下学习。

那时候，杨朱的邻居是个牧羊人，家里养了很多羊。有一天，邻居家的一只羊跑了，他找了很多地方都没找到。他想到杨朱的门下有很多学生，于是告诉了杨朱，希望他能动员门下的弟子帮忙找羊。杨朱得知邻居的请求后，立即让弟子们去寻找。结果一群学生从早上出门，一直到黄昏也没找到。杨朱很困惑，就问邻居："仅仅丢了一只羊，为什么你们这么多人去追，却还是没找到呢？"邻居回答说："我们去了羊丢失的地方，沿着道路寻找，但路上的岔路太多了，每次经过岔路口，又出现新的岔路，我们走着走着，都不知道往哪个方向追，结果天黑了只能无功而返。"

听了弟子们的话，杨朱突然低下了头，神情闷闷不乐。他皱起眉头，一言不发。弟子们都很奇怪，纷纷询问："羊并不是多么贵重的牲畜，而且又不是您的羊，您为什么这样闷闷不乐呢？"杨朱说："即使是我的羊丢了，也不算什么大事，更何况这只不是我的。我所思考的是，如果我们在学术上找不到正确的方向，难道不会像找羊一样，一无所获吗？你们在说找羊的事，我想的则是我们学习的大道啊！"弟子们恍然大悟，纷纷认同了杨朱的观点。

思考与启示

　　面对人生中众多的岔路，如果不能专注于目标，很容易被其他的诱惑或干扰所吸引，从而偏离原来的方向，最终丢失"羊"。我们在生活和学习中要明确自己的目标，才能集中精力朝一个方向前进，只有保持专注和坚持，才能在复杂的环境中找到正确的道路，不被途中的困难和诱惑所动摇，从而实现自己的目标。

拓展阅读

百家争鸣与杨朱学派

　　战国时期，由于社会大变革和生产力的发展，产生了各种思想流派，形成了儒、墨、道、法、名等诸子百家。"诸子"就是各家学派的代表人物，如儒家的孔子、孟子，墨家的墨子，杨朱学派的杨子等。他们聚众讲学，研讨学术，著书立说，又因为他们在思想和政治上的观点不同，为此展开激烈辩论的同时又相互影响，取长补短。这一思想文化的繁荣局面被称为"百家争鸣"。

　　在战国中期，《孟子》曾说："……天下之人不归杨，则归墨。"说明杨朱学派在当时非常有影响力。但孟子也多次抨击杨朱的"为我"思想，说明杨朱学派在当时又有争议。

杨朱学派虽盛行一时，但没有留下著作，加之在政治上对诸侯国也没有多大帮助，于是逐渐衰落下去。

杞人忧天

"

杞（qǐ）国有人忧天地崩坠，身亡所寄，废寝（qǐn）食者。又有忧彼之所忧者，因往晓之，曰："天，积气耳，亡处亡气。若屈伸呼吸，终日在天中行止，奈何忧崩坠乎？"

（选自《列子·天瑞》）

解释 原指杞国有个人总是担心天要塌下来。现多用来比喻产生无根据的或不必要的忧虑。

例句 这怎么可能发生嘛！你真是杞人忧天，徒增烦恼。

杞国有一个人，他总是抬头看天，看着看着就心生忧虑："这天会不会突然塌下来？还有这地有一天会不会全都陷下去？如果真的发生了，那我可就完了！"

"怎么办？怎么办？我要躲到哪里去才安全呀？"此人整日胆战心惊，东躲西藏，饭也吃不好，晚上还睡不着。他担心天塌地陷，他的朋友却担心忧虑的他，于是特地前来开导他。

他的朋友说："天空只是一团气体而已，它充满着世界的每个角落。你每一次的呼吸，每一次的行动，都是在气体中进行的。为什么还要担心天空会塌下来呢？"

他想了想问道："如果天是气体，天上的太阳、星星和月亮不会掉下来吗？"

开导他的人回答说："日月星辰也是积聚起来的气体（古人这样认为），只不过它们会发光罢了。即使它们掉下来，也不会伤害到人。"

那人又问："那如果地面塌陷了怎么办？"朋友回答道："地面只不过是一堆土块而已，在世界的各个角落都有。你每天的行走都是在地面上进行的，为什么还要担心它会塌陷呢？"

天不会塌，日月星辰不会掉下来，地也不会陷。这个杞人终于放下心来，心情也变得轻松愉快了，关心他的朋友也终于松了一口气。

后来，人们将这种行为称作"杞人忧天"。

思考与启示

　　焦虑往往是因为对未知充满恐惧。想要摆脱焦虑，首先应该提高自己对世界的认知水平，只有对事物有了更深入的了解，才能减少不必要的恐惧和担忧。其次应该专注于眼前的生活，努力做好自己该做的事情，不要被无端的忧虑所困扰，要以积极乐观的态度看待生活中的一切。只有过好每一个当下，才能创造出美好的未来。

拓展阅读

古代人的宇宙观

　　今天，我们通过科学探索知道地球是一个略扁的球体，也知道太阳是一颗恒星，地球绕着太阳公转，产生了四季的变化。但在古代人们不知道这么多的天文知识，他们有着和现在不同的宇宙观。

　　中国古代宇宙观主要有三种：盖天说、浑天说、宣夜说。

　　盖天说：认为大地像棋盘是平的，天空如同一个巨大的张开的伞罩在大地上，在《晋书·天文志》里有"天圆如张盖，地方如棋局"的说法。

浑天说：代表是张衡。他提出："天之包地，犹壳之裹黄。"意思是说天地的关系好像鸟卵壳包着卵黄。天的形体浑圆如弹丸，故称"浑天"。

宣夜说：主张"天"并没有一个固定的天穹（qióng），只不过是无边无涯的气体。日月众星飘浮空中，运动和停止依靠"气"。日月星辰也是气体，只不过是发光的气体。

在本篇里，我们就看到了"宣夜说"的宇宙观。古人不具备我们现在所知的天文知识，对于天和地的认识也有时代的局限性，所以产生杞人忧天的行为也是能够理解的。而且正是因为古代人对于天和地的不断思考，才逐渐有了现代的天文知识，这是一代又一代人共同努力的成果，我们也要继续努力，去探索浩瀚宇宙更多的秘密。

《庄子》

充满浪漫主义色彩的哲学巨著

关于作品

　　《庄子》：亦称《南华经》。道家经典。其文章汪洋恣肆，多采用寓言故事的形式，想象丰富，内容深邃，在哲学、文学和艺术思想史上都有较高的研究价值。

关于作者

　　庄子（约前369—前286）：名周，宋国蒙（今河南商丘东北）人。战国时哲学家、文学家。他是道家学派的代表人物，继承和发展了老子的道学思想，与老子并称"老庄"。庄子的哲学思想达到了很高的水平，对后世影响很大。

东施效颦

"

故西施病心而颦（pín）其里，其里之丑人见而美之，归亦捧心而颦其里。其里之富人见之，坚闭门而不出；贫人见之，挈（qiè）妻子而去之走。彼知颦美，而不知颦之所以美。

（选自《庄子·天运》）

解释 比喻胡乱模仿，效果极差。有时也做自谦之词，表示自己根底很差，学别人的长处没有学到位。

例句 不顾现实差异，生搬硬套去学他们，只会是东施效颦，最后沦为笑话。

要说东施效颦的故事，需要从四大美女之一的西施开始说起。

春秋末年，在越国苎（zhù）萝（今浙江诸暨南），有一位姓施的美女，她住在西村，所以村里人都叫她西施。

东村有一位同样姓施的姑娘，但她相貌丑陋，被人称为东施。

东施特别羡慕西施，也想要成为她那样的大美女，于是就开始刻意模仿西施，西施穿什么款式的衣服，她也跟着穿。西施梳什么样的发型，她也跟着学习。一开始她只是模仿西施的穿衣打扮，可是西施家境平凡，经常需要劳作，穿的衣服也只是简单的粗布麻衣。所以当这些衣服穿在东施身上就显得她更加普通了。

"西施可真有气质！"村里的人经常这样夸赞道。

"对啊，人人都说西施的气质好，那我要模仿她的气质。"东施决定模仿西施的走路姿势来提升气质。那天，西施因为心口疼得难受，走路的时候忍不住捂着胸口，皱着眉头。但因西施太美了，这种捧心皱眉的样子，反而让人觉得楚楚动人。

"西施姑娘可真是太美丽了！"村里的人看见西施都夸奖她。

虽然东施姑娘不明白西施为什么要这样，但她也被西施的"病美人"姿态给吸引了，于是又开始模仿了。

"右手捂着胸口，左手摸着额头，对，还得皱眉头。走路还要颤（chàn）颤巍（wēi）巍的。"东施姑娘虽然感觉很奇怪，但为了美丽，她还是严格模仿着西施。

"这下我肯定是人人夸赞的美女了。"东施姑娘自认为模仿到了西施的精髓，开开心心地出门了。

"二哥，你看我美不美？"东施姑娘看到熟人就问。

"啊！妖怪啊！"

"三婶……"

"砰！"东施的这副模样可把村里人给吓坏了，大家纷纷关上自家的大门，不想看见她。大家躲避她，不是因为她长得丑，而是因为她刻意模仿作态，以致面目可憎。从此，东施成为了丑女的代名词。

思考与启示

　　每个人都是独一无二的，都有自己的长处和短处，我们应该培养独立思考的能力，了解自己的个性、能力和价值，发挥自己的优势，而不是一味地去模仿别人。只有当我们真正认识自己，才能找到适合自己的发展道路。

拓展阅读

中国古代四大美人

　　"欲把西湖比西子，淡妆浓抹总相宜。"苏轼这句诗里所写的"西子"就是西施。西施并不姓西，而姓"施"。历史上，西施因貌美被越王勾践献给吴王夫差，成为吴王夫差最宠爱的妃子。传说吴亡后，西施与范蠡（lǐ）入五湖而去，不知所终。

　　中国古代四大美人中西施位居榜首，其他三位也各有各的美丽。

　　王昭君，名嫱，字昭君。汉元帝时被选入宫，她自请远嫁匈奴。传说她是因为没有贿赂画工毛延寿，被刻意画丑，直到被选为匈奴的和亲对象，才被人发现惊世的美貌。后来她的故事成为一些文学作品的题材。

　　貂蝉是小说《三国演义》中虚构出来的一个美人形象，她用"连环计"离间董卓和吕布，借吕布之手杀死了董卓。

　　杨贵妃，小字玉环，号太真。她是唐玄宗宠爱的妃子，她的堂兄杨国忠操纵朝廷，败坏政事，安禄山以诛杀杨国忠为由，发动了叛乱。唐玄宗逃跑到马嵬（wéi）坡（今陕西兴平西），杨国忠被禁军杀害，杨贵妃被缢（yì）死。

井底之蛙

> 井蛙不可以语于海者，拘于虚也。
>
> （选自《庄子·秋水》）

解释 井底的蛙只能看到井口那么大的一块天。比喻见识狭隘的人。

例句 我们不能做井底之蛙，要勇敢地走出舒适区，去探索更广阔的天地。

公孙龙是孔子的学生，曾经能言善辩，但是最近却没有办法开口辩论了，他感到很苦恼，于是向他的好朋友魏牟（móu）诉说自己的烦恼。

"我年少的时候学习古代圣贤的主张，长大以后懂得了仁义；能够把事物的不同和相同合二为一；能够把一个物体的质地坚硬和颜色洁白区分开来；能够把不对的说成对的，把不应认可的看作是合宜的；能够使百家智士困惑不解，能够使众多善辩之人理屈词穷。我自以为自己早已通达了，但是我听了庄子的言谈以后感到十分茫然。不知是我的论辩不如他，还是我的知识不如他，我现在已经没有办法再开口了。"

魏牟听了以后，叹了口气，然后笑着给公孙龙讲了以下这个井底之蛙的故事。

传说有一只骄傲的小青蛙，它生活在一口浅井中，它对自己现在的生活满意极了，动不动就对人炫耀。

这天，小青蛙吃饱了饭，懒洋洋地趴在井栏上面，正闲得有点无聊。这时来了一只大海鳖。小青蛙一下子来精神了。

"鳖老兄，你好啊，你从哪里来啊？"小青蛙问道。

"小青蛙，你好，我从东海来的。"大海鳖慢悠悠地说道。

"东海？东海在哪里啊？肯定没有我的浅井好。"还不等大海鳖开口说话，小青蛙就像往常一样开始炫耀起自己的浅井来。

"我给你说，我可快乐了。我这个浅井可是一块宝地，我可以在井栏上跳来跳去，我也可以在井壁的砖缝里休息。跳到水中，井水漫到腋下，托起我的下巴，踏入泥里，泥水就盖住我的脚背，可以打滚，玩泥，多开心啊！"

小青蛙越说越得意："我一只小青蛙就能独占这一坑的水，占据这一口浅井，多爽啊。那些小虫子、小蝌蚪都不如我。今天你可开眼了，快进来看看吧。"

在小青蛙的热情邀请下，大海鳖盛情难却，但它左脚还没有踏出去，右膝就被绊住了，于是迟疑了一阵子后，对小青蛙讲起了大海。

"千里之遥远不能形容大海的广阔，千仞不足以形容大海的深。回想夏禹时十年九涝，而海水并未增加；商汤时八年七旱，海水并未减少。"大海鳖说着说着，也开始赞叹起来，"啊，大海啊，无边无际的大海，是生活在大海里自由自在地游泳，还是生活在这一口一眼望到底的浅井里更有趣呢？"

这是常年生活在浅井里的小青蛙所不能想象的世界，它听完大海鳖的话感到惊恐和羞愧，看着大海鳖离开的背影，它又感到很茫然，不知所措。

魏牟的故事讲完了，他看了看公孙龙说："你的才智还不足以知晓是与非的境界，竟然就想去洞察庄子的言谈；你的才智还不足以通晓极其玄妙的言论，竟自去迎合那些一时的胜利，不是很像这只浅井里的青蛙吗？"

公孙龙听了以后，恍然大悟，非常羞愧。

思考与启示

我们不能像井底之蛙那样骄傲自满，而应该时刻保持谦虚的心态，认识到自己的不足，不断学习，不断进步，接触新的人和事，学习新的知识和技能，勇敢地走出舒适区，不断拓宽自己的视野，丰富自己的人生阅历。只有这样，我们才能不断提升自己，更好地适应社会的发展和变化。

中国三大边缘海

边缘海是指位于大陆和大洋边缘的海，边缘海的一侧以大陆为界，另一侧以半岛、岛屿或群岛与大洋分隔。中国三大边缘海有东海、黄海和南海。

东海是中国东部的一个边缘海。沿岸港湾岛屿众多，产黄鱼、带鱼、墨鱼等。海底富藏石油，建有东海油气田。

黄海是一半封闭型的大陆架浅海。因受长江及淮、沭、沂等河的影响，含沙量较大，近岸海水呈黄色，所以有了黄海这个名字。

南海是中国近海中面积最大、水最深的边缘海。位居热带，在海底高台上形成很多珊瑚礁岛，如东沙群岛、西沙群岛、中沙群岛和南沙群岛。

邯郸学步

> ❝
>
> 且子独不闻夫寿陵余（yú）子之学行于邯（hán）郸（dān）与？未得国能，又失其故行矣，直匍（pú）匐（fú）而归耳。
>
> （选自《庄子·秋水》）

解释 比喻模仿别人不到位，反把自己本来会的东西忘了。

例句 我们要善于总结适合自己的学习方法，不要邯郸学步。

魏牟除给公孙龙讲了井底之蛙的故事外还给公孙龙讲了一则邯郸学步的故事。

战国时期，在寿陵有一个少年，他非常好学，想要成为全天下最优秀的人。一天，他听说赵国都城邯郸的人走路姿势非常优美且符合礼仪规范，决定前去学习这一走路绝技。

他风尘仆仆来到大都市邯郸的一条最繁华的街道，他看到行人的走路姿势是如此的优雅从容，举手投足间流露出高贵的气质。

"果然如此，这地方没来错。"少年非常高兴，立刻就跟着路上的行人模仿起来。南面来了一个男子，他走路先迈左脚，少年也跟着先迈左脚。这时北面来了一个少年，走路时先迈右脚。"好酷啊，我也要学。"少年又跟着一起先迈右脚。

就这样他学了好几天，但是什么走路技巧都没学会，反而越走越别扭，走路姿势比以前更难看了。

少年左思右想，分析自己学习不顺的原因。如果这时候他能听听别人的意见，或者找个老师请教一下就不会出现后面贻（yí）笑大方的事情了。

少年自己琢磨出一个原因："肯定是我之前的走路方式太有问题了，我要将它彻底抛弃，重新学习走路。"

他学习也非常地刻苦，给自己制订了严格的学习计划。要求自己每迈出一步都要仔细推敲下一步的动作。所以，邯郸人经常能在街头看到一个奇怪的少年，单脚站立在路上，仔细思索下一步怎么走。

"两腿站直，抬头挺胸，先迈左脚，啊，不对，先迈右脚，步子不要迈太大，也不能迈太小……"少年废寝忘食地学习了三个月，但始终还是没有学会邯郸人的走路姿势。等他回过头来想用自己原来的走路姿势时，发现已经全忘了。

少年这下可蒙了，他彻底不知道该怎么走路了，只好爬着回到了燕国。

魏牟给公孙龙讲这个故事，是想要告诉他，不要再和庄子进行比较了，别到最后没学会庄子的才学，而忘了自己原本的学业，丢掉自己本来的行当。

公孙龙这才终于醒悟过来，羞愧地走了。

思考与启示

在生活中，我们常常会羡慕别人的优点和成就，并想要去模仿他们，然而每个人都有自己的个性、才能和价值，我们应该在学习他人的过程中，保持自己的本色，发挥自己的优势，而不是完全抛弃自我去盲目模仿别人。要根据自己的实际情况和需求进行分析和判断，选取真正对自己有帮助、能够与自身特点相结合的方面进行学习，这样才能实现有效的成长和进步。

中国出成语典故最多的城市——邯郸

邯郸，古为邯郸邑，战国时期为赵国都。它被认为是中国出成语典故最多的城市，与邯郸相关的成语典故多达上千个，被誉为"成语之都"。

除邯郸学步之外，完璧归赵、负荆请罪、纸上谈兵、毛遂自荐、围魏救赵、鹬蚌相争等诸多成语典故也与邯郸有关。

为什么邯郸会产生这么多成语典故呢？这主要是因为邯郸历史悠久，赵国在战国时期一直都是重要的诸侯国，而邯郸更是政治、经济、文化、军事活动重地，为成语典故的产生提供了丰富素材。邯郸的地理位置也很特殊，位于华北平原，西依太行山脉，东接齐鲁，南邻中原，北通燕蓟，自古是交通枢纽和战略要地，兵家必争，人员往来频繁，文化交流碰撞激烈。历史上，这里发生了很多重大事件，也有众多人物曾在邯郸活动，他们的事迹和言论经过演绎和提炼，便形成了一个个流传下来的成语典故。

《韩非子》

先秦法家集大成之杰作

关于作品

《韩非子》：集先秦法家学说之大成的代表作。提出了"法""术""势"相结合的法治主张。这是一本古代政治学方面的名著，同时在古代哲学、文学史上也享有盛誉。

关于作者

韩非（约前 280—前 233）：战国末期思想家，法家主要代表人物。和李斯都是荀子的学生。他吸收道、儒、墨各家的思想，继承发展前期法家思想，集法家学说之大成。在政治上强调加强中央集权，对后世影响深远。

郑人买履

> 郑人有且置履（lǚ）者，先自度其足而置之其坐，至之市而忘操之，已得履，乃曰："吾忘持度。"反归取之。及反，市罢，遂不得履。人曰："何不试之以足？"曰："宁信度，无自信也。"
>
> （选自《韩非子·外储说左上》）

解释 宁可相信自己事前量好的脚的尺寸，也不愿意亲自用脚试穿。用来讽刺那些墨守成规，不相信实际情况的人。

例句 他处理问题总是郑人买履，不知变通，结果把事情弄得一团糟。

郑人买履说的是在战国时期，有一个郑国人打算去集市为自己买一双新鞋子。在去集市之前，他拿尺子在家量好了自己脚的尺码，然后就兴冲冲地赶集去了。

集市上人可真多，鞋的款式也不少，他左逛逛，右看看，选款式，比价格，终于千挑万选，选出一双中意的鞋子。

"老板，我要这双鞋，尺码是……咦？我量好的尺码呢？"郑国人找来找去，翻遍了口袋，怎么都找不到自己事先量好的脚的尺码了。

"哎呀，我想起来了，我走得着急，放在家里桌子上忘拿了。"郑国人说着就要回家去拿，"老板，我得回家拿量好的尺码。"

眼看天色不早了，郑国人急匆匆地往家赶，拿了尺码又急匆匆地往集市跑。他跑得可是气喘吁吁，但为时已晚，集市已经散了。

"唉，我记性太差了！"郑国人垂头丧气地回家去了。他的邻居看到他这个样子，关心地问道："你怎么了？没买到鞋子吗？"

"唉，别提了，我忘记带事先量好的尺码了。"邻居看了看他，无奈地说："你为什么不在集市上亲自穿上脚试一试大小呢？"

郑国人听了立刻严肃地说道："那可不行，量出来的尺码才最可信，我可不信我的脚。"

思考与启示

在生活中，我们常常会遇到各种变化和意外情况，如果一味地坚持既定的计划和方法，不懂得灵活调整，就会像郑人一样陷入困境。我们应该学会根据实际情况及时调整策略，不要被教条和理论所束缚，只有这样才能更好地应对各种挑战，做出正确的决策。

古代的鞋

郑人买履中的"履"就是古人所穿的鞋子，履也分为丝履、麻履等。丝履一般为丝织品，制作工艺也比较复杂，有的还会绣上各种图案，看起来精美，多为贵族或富人所穿，彰显身份地位，《孔雀东南飞》中就有"足下蹑丝履，头上玳（dài）瑁（mào）光"一句。而麻履一般以麻为主要材料，相对容易获取且制作成本较低，制成的鞋结实耐用，一般为普通百姓所用，古诗词中也有"清晨相访立门前，麻履方袍一少年""麻履踏雪路，与马不肯骑"等句。

还有一种叫作屐，通常指木底的，或有齿，或无齿，主要在泥泞的地面或雨天行走时穿着。木屐在魏晋南北朝时期较为流行，文人雅士也常穿，有一种洒脱自在的气质。比较有名气的是谢灵运游山时常穿的谢公屐。此屐上山时可去掉前齿，下山时可去掉后齿。李白在《梦游天姥吟留别》中写有"脚着谢公屐，身登青云梯"的诗句。

能够防水、防潮的鞋还有"舄"（xì），是古代的一种复底鞋，《古今注·舆服》中说，"舄，以木置履下，干腊不畏泥湿也"。

在古代，为适应游牧民族的生活方式和恶劣的自然环境，靴子应运而生并被广泛使用，随着民族之间的交流和融合，靴子逐渐传入中原地区。古代靴子的材质主要有皮革、毡、布等，一些高档的靴子还会绣上精美的图案，或者镶嵌宝石、珍珠等装饰品，以显示穿着者的身份和地位。

自相矛盾

> 楚人有鬻（yù）盾与矛者，誉之曰：'吾盾之坚，物莫能陷也。'又誉其矛曰：'吾矛之利，于物无不陷也。'或曰：'以子之矛陷子之盾，何如？'其人弗能应也。
>
> （选自《韩非子·难一》）

解释 比喻行事或言语先后不一致、互相抵触。

例句 他的言行自相矛盾，让人难以相信他的诚意。

楚国有一个卖矛和盾的人，为了能在市场上将自己的矛和盾都卖出去，他就向众人吆喝夸赞自己的盾："我的盾是世界上最坚固的，无论怎样锋利的东西都不能将它刺穿。"

听了他的吆喝，围过来的人越来越多了，他心想这个方法不错。于是又拿起自己的矛开始夸赞道："我的矛是世界上最锐利的，无论多么牢固结实的东西也挡不住它，只要一碰上，马上就会被它刺穿。"

他看着围过来的人又多了不少，越夸越得意，大声地吆喝道："快来买啊，我有世界上最锋利的矛和最坚固的盾。"这时，一个看客上前拿起一支矛，又拿起一面盾，问道："如果用这矛去戳这盾，会怎样呢？"

这下，卖矛和盾的人不说话了，看客们也大笑着离开。

思考与启示

在生活中，无论是与人交流、辩论，还是决策和行动，都需要有清晰的逻辑思维，我们应该在说话做事之前，先思考自己的观点和行为是否存在矛盾之处，避免因逻辑错误而陷入尴尬之中或造成不良后果。同时，诚实是做人的根本，不能为了达到某种目的而故意夸大或虚假宣传，只有以客观真实的态度面对自己和他人，才能建立起信任和良好的人际关系。

三教九流

自相矛盾的故事体现了法家的思想观点。韩非是战国时"九流"中法家的主要代表人物。法家主张以法治国，强调法律的权威性和普遍性，认为通过制定明确的法律条文并严格执行，可以规范社会秩序、治理国家。韩非子在法家思想的发展中起到了关键的作用，他集商鞅的"法"、申不害的"术"和慎到的"势"于一身，形成了一套较为完整的法家理论体系。

法家和儒家、道家、阴阳家、名家、墨家、纵横家、杂家、农家合称为"九流"。

儒家崇奉孔子学说，列为"九流"之首。崇尚"礼乐"和"仁义"，提倡"忠恕"和"中庸"之道，政治上主张"德治"和"仁政"。除孔子之外，孟子、荀子、董仲舒、朱熹等都是儒家学派代表。

道家以老子、庄子、列子等为代表，主张有道法自然、无为而治等。

阴阳家提倡阴阳五行说的学派，代表人物有驺衍（Zōu yǎn）。《易经》《尚书》等典籍中原始阴阳说和五行说是中国古代哲学的萌芽。

名家也叫"辩者""刑名家"，代表人物有邓析、公孙龙、惠施，对古代逻辑学的发展有一定贡献。

墨家的创始人墨子，学术思想上与儒家对立，在初期以墨子本人主张的兼爱、非攻为核心观念。后期墨家对认识论、逻辑学以至自然科学中的几何学、力学、光学等都有一定的研究贡献。

纵横家就是战国时从事政治外交活动的谋士们，主要以鬼谷子、苏秦、张仪、公孙衍、范雎等为代表。

杂家是博采各派思想的综合学派，代表人物是吕不韦、淮南王刘安。

农家是注重农业生产的学派，反映了古代社会中农民的某种理想，总结了很多农业生产的技术经验，代表人物有许行。

三教指的就是儒教、道教和佛教。

滥竽充数

> 齐宣王使人吹竽，必三百人。南郭处士请为王吹竽，宣王说之，廪（lǐn）食以数百人。宣王死，湣王立，好一一听之，处士逃。
>
> （选自《韩非子·内储说上七术》）

解释 比喻没有真本领的人混在行家里面充数，或拿不好的东西充当好的东西。

例句 我们的干部队伍过于庞大，确有人滥竽充数，需要整顿了。

战国时期，齐宣王特别喜欢听人吹竽，尤其喜欢听大合奏。为此，齐宣王派人到处搜罗善于吹竽的乐师，准备组成一支三百人的吹竽乐队。

这时，"无业游民"南郭先生听说了这件事情，他想要加入这个乐队。于是想方设法面见了齐宣王，大肆吹嘘自己是一个非常厉害的乐师，齐宣王信以为真，将他编入了三百人的乐师团队。

可是问题来了，南郭先生根本就不会吹竽。每当乐队给齐宣王吹奏的时候，他就混在队伍里面，装模作样地学着其他乐工的样子。别人摇头晃脑，他也跟着摇头晃脑，别人吹到情绪激昂时会东摇西摆，他也跟着东摇西摆。

他是一个假的乐师，却是一个厉害的模仿大师，由于他模仿得惟妙惟肖，在三百人的大型合奏会中，齐宣王也听不出什么异样。南郭先生就这样混了好几年，不仅没露出破绽（zhàn），还和其他乐师一样，领到了一份丰厚的赏赐，过着舒适的生活。

可惜这时候，齐宣王却突然去世了。

齐宣王死后，他的儿子齐湣（mǐn）王继位，湣王虽然也喜欢听人吹竽，但他喜欢听人单独吹给他听。

有真本事的人听到这个消息很开心，而南郭先生听到这个消息后，则吓得浑身发抖。所以，趁着湣王还没叫他演奏，南郭先生就赶紧逃走了。

思考与启示

　　无论是在生活、学习还是其他方面，只有具备扎实的专业知识和技能，才能在竞争中立于不败之地，为自己赢得尊重和认可，靠欺骗和碰运气终究无法长久。如果你要组建一个团队，需要严格筛选成员，建立有效的考核机制，以保证团队的整体实力和效率。

拓展阅读

了解中国古代的乐器

　　中国古代将乐器分为八类，称为八音，分别是金、石、土、革、丝、木、匏（páo）、竹。滥竽充数中的"竽"就属于其中的匏类。

　　匏是什么呢？匏是葫芦的一种。在古代，一些乐器用天然的葫芦等匏类植物作为共鸣器制作而成，这类乐器的主要特征之一就是以匏为共鸣腔的一部分，以增加乐器的音量和共鸣效果，竽就是这样的乐器，它在战国时已在民间广泛流传。

　　除竽之外，最著名且最具有代表性的匏类乐器就是笙，它在先秦时已流行，在很多史籍记载中，也叫它"凤笙""凤翼笙""参差竹""鸾笙""碧瑶笙"等，成语"夜夜笙歌"中的"笙"说的也是它。竽的发音原理就是借鉴了笙，两个乐器外形相似，但笙比竽小些，管数也比竽要少。隋唐时，宫廷中还有竽与笙并存，到宋代以后，竽的地位逐渐被笙取代。

八音中其余几类，"金"指钟、铃等，属金类乐器；"石"指磬等，属石类乐器；"土"指埙、陶钟等，属土类乐器；"革"指鼓、鼙（pí）等，属革类乐器；"丝"指琴、瑟等，属丝类乐器；"木"指柷（zhù）、敔（yǔ）等，属木类乐器；"竹"指管、籥等，属竹类乐器。

后来，人们以丝类的弦乐器（如琵琶、二胡等）和竹制的管乐器（如箫、笛等）为代表，指代所有乐器，称为"丝竹"，也用来指代音乐、奏乐等，如刘禹锡《陋室铭》中的"无丝竹之乱耳"，白居易《琵琶行》中的"终岁不闻丝竹声"，都是指音乐的意思。

买椟还珠

"

楚人有卖其珠于郑者，为木兰之椟（dú），薰（xūn）以桂椒，缀以珠玉，饰以玫瑰，辑（jí）以翡翠。郑人买其椟而还其珠。

（选自《韩非子·外储说左上》）

解释 椟：木匣子。把木匣子买下，把其中的珠子还给卖者。比喻没有眼光，取舍失当。

例句 如果只重包装不看内容，与买椟还珠的古人又有什么分别？

有一天，楚王问田鸠（jiū）："墨子是当今声名显赫的学者。他亲自实践是不错的。但他讲的话却没有文采，这是为什么呢？"

田鸠为了解答楚王这个疑问，给楚王讲了下面这个故事。

春秋战国时期，楚国有一个卖珠宝的商人，他准备了一些珠宝到郑国去卖。为了能把珠宝卖出一个好价钱，他在珠宝的包装上下了一番功夫。

首先，他选用上等的木材，请工匠做成一个个精致的木盒子，再请技艺高超的雕刻师在木盒子上刻上各种各样美丽的花纹。

然后，他精挑细选一些时下最名贵的香料将盒子熏（xūn）香。一个散发着香气的精致珠宝盒就出现了，不过商人还是不满足。

最后，他在盒子的外面又加了一些点缀，用红色的玉装饰，用翡翠连结。这个精致美丽的珠宝盒就完成了。

他将珠宝放进盒子里，信心满满地来到了郑国。果然不出他所料，自己的珠宝盒一经展出，立刻有很多人围了上来，大家纷纷聚拢过来欣赏他的珠宝盒子。

商人一开始还挺得意的，他心想这下肯定能赚不少钱。过了一会儿，他怎么感觉越来越不对劲儿啊。

"这个盒子真好看啊。"

"嗯……这个熏香用的香料品质很好。"

"这个雕刻的工艺我也喜欢。"

"大家怎么都在谈论珠宝盒啊？"珠宝商人有点着急了，"这可不

行，我卖的是珠宝啊。"珠宝商人连忙打开珠宝盒，给大家介绍起自己卖的珠宝。可是周围的人却都充耳不闻，还是关心珠宝盒。

这时，有一个郑国人拿起珠宝盒端详了一番，特别喜欢，便出价要买下盒子，却把珠宝还给商人。商人哭笑不得，费了许多口舌说服郑人珠宝可比盒子贵重得多，郑人就不要珠子，只买盒子。

珠宝商看着被退回来的珠宝，心情复杂，感慨道："看来我并不适合卖珠宝，更适合卖木盒子啊。"

田鸠的故事讲完了。他继续说道："墨子的学说，希望能广泛地告知人们，如果一味地重视文采，他就担心人们因为留意文采而忽略了学说本身的内在价值。就如同这个买椟还珠的故事一样。所以，墨子的话很多，但不动听。"

思考与启示

在生活中，我们在购物时不能仅仅因为商品的包装精美就冲动消费，而要考量其实际的用途和质量；在与人交往中，也不能被他人的外表、言语等外在表现所误导，而要深入了解其内在品质和性格。我们应当学会分辨事物的真正价值所在，把注意力更多地放在那些具有实质意义的东西上。在追求目标的过程中，要明确自己真正想要的是什么，不能为了一些表面的、次要的东西而放弃了核心的、重要的目标。

墨子的成就

田鸠为什么能向楚王解释墨子的言论？因为田鸠是墨子的学生。墨子是中国古代伟大的政治家、思想家、物理学家，他的成就也是多方面的。

墨子创建了墨家学派，这是一个和儒家相对立的学派，在战国时期影响非常大。墨家有名的主张有兼爱和非攻，认为人人平等，不分亲疏远近，尊卑上下，同时反对掠夺战争，渴望和平。

墨子的科学成就主要记录在《墨经》中，涉及数学、力学、光学、工程与机械制造等方面的内容：

在数学方面，墨子首先提出了关于"倍""圆""正方形"等定义，对这些基本的几何概念进行了明确界定，为几何学的发展做出了贡献；还对十进制算法有了较为完整的总结，推动了数学计算的规范化和简便化，对后世数学运算和计数体系的发展影响深远。

在力学方面，墨子首先提出了杠杆原理，这一提出早于阿基米德200多年，并利用杠杆原理制造了掷车、转射机，在战争中用来抛掷武器。墨子还给出了力的定义，对力的本质和作用进行了探讨。

在光学方面，墨子是人类历史上第一位进行光学实验的人，他的小孔成像实验首先发现了光的直线传播原理，还总结出了光学八条，科学解释了诸多光学现象，为后世光学研究奠定了基础，比如在现代

摄影、成像技术等方面都能看到其原理的应用。

在工程与机械制造方面，据说墨子曾研制出一种能够飞行的木鸟，成为中国古代风筝的创始人；他还发明了各类机关，如连弩车、转射机、藉车等，这些机关在当时的战争中具有重要作用，被称为"墨家机关术"，反映了墨子高超的机械设计和制造能力，也展示了古代中国在机械工程领域的卓越成就。

2016 年 8 月，我国成功发射了世界上首颗量子科学实验卫星，为纪念墨子对中国古代的科学技术做出的重大贡献，将其命名为"墨子号"。

《吕氏春秋》

先秦思想的大融合

关于作品

《吕氏春秋》：亦称《吕览》。战国末期秦相吕不韦集合门客共同编写，杂家代表著作。内容以儒家、道家思想为主，汇合先秦各派学说，为当时秦国统一天下、治理国家提供思想武器。不仅保存了大量先秦史料，还保留了不少医学、音乐、天文历法、农学等科学文化方面的珍贵资料，具有重要的研究价值。

关于作者

吕不韦（？—前235）：战国末期卫国濮阳（今河南濮阳西南）人。本是一位大商人，结识了在邯郸做人质的秦国公子子楚，认为"此奇货可居"，便花钱设计帮助子楚成为秦国王位继承人。子楚继位后，以吕不韦为丞相，封文信侯。

刻舟求剑

> 楚人有涉江者，其剑自舟中坠于水，遽（jù）契（qì）其舟，曰："是吾剑之所从坠。"舟止，从其所契者入水求之。舟已行矣，而剑不行，求剑若此，不亦惑乎？
>
> （选自《吕氏春秋·察今》）

解释 原意指一个人在船上把剑丢到河里了，却在船舷上落剑之处刻下印记，船靠岸后才从记号位置下船入水去找。后来形容死守教条，拘泥成法。

例句 时代在飞速发展，如果我们还用老眼光、旧方法做事，那无疑是刻舟求剑。

　　有个楚国人乘船渡江，他上船的时候，船上就有好几个人总是看他，这是为什么呢？原来他随身携带了一把宝剑。楚国人拿着宝剑有意无意地展示炫耀着，不料，船到江心的时候，"哗啦"一声，宝剑掉到河里去了。

"哎呀，糟糕，这可怎么办！"船上的人都惊慌了。但这个楚国人却丝毫不慌。"难道他一点儿都不心疼吗？"船上的人感到纳闷。

"没事儿，我有找回宝剑的方法。"他拿出一把小刀，在船舷（xián）上刻下一个记号，告诉大家，"这是宝剑落水的地方，我刻上一个记号，很快就能找到宝剑。"

船上的人都对他的做法感到困惑不解，但毕竟是陌生人，也不好追问什么。

船靠岸后，楚国人立刻从刻有记号的地方跳下船，入水去寻找掉落的宝剑。然而他找了很久，还是没看到宝剑的踪影。

"咦？我的宝剑呢？怎么找不到呢？"楚国人疑惑地自言自语。

"你的宝剑不是在江心掉到水里的吗？"船上的一个乘客说。

"可是我在丢失的地方刻下了记号，现在怎么找不到呢？我以前把宝剑放在柜子里做个记号，下次就能找到了。"楚国人还是不明白自己的宝剑怎么就消失了。

旁边的人一听都笑了起来。有人在一边告诉他说："船一直在前进，而你的宝剑早已沉入水中，不会随船移动，你顺着当时的记号找，怎么能找到它呢？"

楚国人这才恍然大悟，懊悔不已，可惜为时已晚。

世界是发展变动的，万事万物都处在变化之中，在生活中，我们不能用静止的、一成不变的眼光看待周围的人和事。当情况发生变化时，我们不能拘泥于旧有的思维模式和行为方式，而要学会灵活应变，要对当前的形势进行准确的分析和判断，只有这样，我们才能做出正确的决策，避免走弯路和犯错误。

拓 展 阅 读

从古代小舟到现代舰艇

独木舟是人类最古老的水域交通工具之一，《易经》中有"刳（kū）木为舟"的记载，将整段树木挖空制成小船，用桨划行。这种小船被称为独木舟。2001 年，在浙江杭州发掘的新石器时代遗址中，就发现了一条残长 5.6 米、宽 0.3 米的独木舟。

后来人类祖先将两三根或更多树干用藤或绳捆绑起来制成筏。春秋末期越王勾践就曾大规模使用木筏进行海上运输。《诗经》中也有"谁为河广，一苇杭之"的记载，苇就是用芦苇编的筏子，表明当时可能使用苇筏渡水。在南方盛产竹子的地方，竹筏也被广泛使用。

随着时间的推移，舟的制作技术不断进步，出现了更多类型和功能的舟船，用于战争、运货、打鱼、载客、休闲娱乐等。

掩耳盗铃

> 百姓有得钟者，欲负而走，则钟大不可负。以椎毁之，钟况然有音。恐人闻之而夺己也，遽（jù）掩其耳。
>
> （选自《吕氏春秋·自知》）

解释 捂着自己的耳朵，偷盗别人家的铃铛。比喻自欺欺人。

例句 做错事情要积极改正，不要掩耳盗铃。

春秋时期晋国有个人，他整天做着发财的梦，但又不愿意努力劳动。每天都想不劳而获，占别人便宜。

有一天，他听说晋国世家赵氏灭掉了范氏。范氏曾经可是六卿之一，家财万贯。这是一个趁乱捞好处的机会。然而，当他到达时，范氏家中值钱的东西都已被洗劫一空。他狠狠地拍着自己的大腿，懊恼地说："你这个笨蛋！明明有好东西白给都不早点来，现在好了，白跑了一趟，什么好处都没捞到，真是浪费时间！"

就在这时，他发现废墟中透出一道亮光。他兴奋地走过去，扒开瓦砾一看，居然是一口大钟。他围着大钟走了几圈，仔细审视后，用手敲了一下，钟声清亮悠长，他立刻断定：这口大钟一定是用上等的青铜打造，造型和图案都很精美。他喜出望外，"哈哈哈哈……老天爷真是眷顾我啊，有了这口大钟，发家致富不是梦啊。"他迫不及待地想要背走钟。但是钟又大又重，怎么搬都搬不动。他想来想去，突然看到墙角的大铁锤，他打算将大钟敲碎，分成一块一块带走。

　　他拿起铁锤往大钟上砸去，咣当一声，吓了他一大跳。"这声音也太大了，别人肯定能听到。万一他们都来抢我的钟怎么办啊？那可不行！"他想：捂住耳朵不就听不见了吗，于是连忙找来两块棉布堵住了自己的耳朵。这下他放心大胆地抡（lūn）起锤子开始砸钟。

　　"嘿嘿，我可真聪明啊。"他一边砸一边扬扬得意地说着。只是他不知道的是，钟声一下一下地传了出去。等他将钟砸成一块一块的时候，一大群人已经循着钟声来了。

　　"啊，你们怎么知道我在砸钟？我明明捂住了耳朵呀！"这人到现在还不明白，砸钟时钟会发出声音的，捂住自己的耳朵，声音还是会传出去，被别人听到。

思考与启示

　　故事中的人以为捂住自己的耳朵别人也就听不见了，这是一种典型的自欺欺人行为。在生活中，我们不能对存在的问题视而不见或故意掩盖，应该勇敢面对困难和错误，积极寻找解决办法，而不是采取欺骗自己的方式来逃避。掩耳盗铃的人没有正确认识到声音的传播是客观存在的事实，仅凭自己的主观想象来行事，这也提醒我们要以客观的态度去认识事物，尊重事物的本质和规律。

拓展阅读

从春秋霸主到三家分晋

　　春秋时，晋国是春秋五霸之一，秦国实力尚不如晋国。但后来为什么是秦国统一全国，晋国逐渐走向灭亡？这和晋国选用异性卿大夫来治理国家有关。

　　原本卿大夫是西周、春秋时天子及诸侯分封的臣属。一般是诸侯国将庶子分封为卿大夫，各个卿大夫都有自己的封地。但晋国为了招揽人才，选用异性卿大夫来治理国家。到春秋晚期，晋国由赵、韩、魏、知、范、中行六卿专权。这篇故事中的范氏就是其中之一。

六卿实行世袭制，轮流执政，时间长了以后，矛盾越来越多，先是范氏、中行氏被赵氏所灭。知氏、赵氏、韩氏、魏氏四家一起分了范氏和中行氏的土地。后来，赵氏、韩氏、魏氏三家联手消灭了知氏，从此，三家势力已经远远超过晋国国君。

周威烈王二十三年（前403年），周天子正式承认赵氏、韩氏、魏氏这三家为诸侯。从此，晋国被这三家瓜分成了赵国、韩国、魏国三个诸侯国。春秋五霸之一的晋国灭亡了，战国七雄产生了。为此，很多史学家也将"三家分晋"作为春秋和战国的分界点。

不过，合则强分则弱，三个诸侯国最后逐一被秦国所灭。

《史记》

中国第一部纪传体通史

关于作品

《史记》：原名《太史公书》。是中国第一部纪传体通史，被列为"二十四史"之首，记载了从传说中的黄帝时代到汉武帝，总共三千年左右的历史。它不仅记录了各阶层重要历史人物的事迹和历史事件，还涉及社会经济、礼乐制度、天文地理等各个方面，对后世史学和文学的发展都产生了深远影响。

关于作者

司马迁（约前145或前135—？）：字子长，夏阳（今陕西韩城南）人。西汉史学家、文学家、思想家。早年遍游南北，考察风俗，采集传说，继父职任太史令。后因对李陵军败降匈奴事有所辩解而受腐刑，出狱后，发愤继续完成所著史籍《史记》。

卧薪尝胆

> 吴既赦越，越王勾践反国，乃苦身焦思，置胆于坐，坐卧即仰胆，饮食亦尝胆也。
>
> （选自《史记·越王勾践世家》）

解释 原为越王勾践被吴王打败后，为了报仇，他以柴草卧铺，并舔尝苦胆，时时刻刻警醒自己不忘失败耻辱的故事。后用来比喻刻苦自励，发愤图强。

例句 体育运动员们卧薪尝胆，刻苦训练，终于夺得了这次比赛的冠军。

  春秋时期，南方的吴国与越国之间经常发生战争。公元前496年，吴王阖（hé）闾（lú）派兵攻打越国，被越王勾践打败，吴王阖闾受了重伤，在临死前，嘱咐儿子夫差（chāi）要替他报仇。夫差继任成为吴王后，一刻都不敢忘记仇恨，日夜操练士兵。

勾践听说这件事，打算先发制人，赶在对方进攻之前动手。大夫范蠡（lǐ）进谏劝阻，但勾践还是一意孤行，坚持率军进攻吴国。吴王夫差听到消息后，很快动员了全国的部队应战。这次的胜利者是满腔仇恨的吴国，吴军将越军围困在会稽。

越军大败后，勾践很后悔，对范蠡说："要是听您的劝告，就不会落到这个地步，现在应该怎么办呢？"范蠡说道："能够平定危机的人一定是崇尚谦卑的。现在您对吴王要谦卑有礼，派人给吴王送去厚礼表示歉意，如果吴王不接受，就请亲自前往侍奉他。"勾践采纳了范蠡的办法，派大夫文种去求和。

文种一见到吴王，马上跪在地上叩头说："您的亡国臣民勾践，让我斗胆请求您，让他带着妻子，做您的奴仆。"吴王听文种这样说，动了恻（cè）隐之心。但吴国大臣伍子胥反驳道："现在我们是胜利者，这是上天把越国赏赐给吴国，我们不能违背天意。"吴王听了，又犹豫了。

勾践听到这个情况，想干脆决一死战。文种却阻止说："我有一个办法，吴国的太宰嚭（pǐ）十分贪婪，又受夫差宠幸，可以买通他帮忙。"勾践一听，内心有了希望，马上让文种去给太宰嚭献上美女和珠宝。太宰嚭见到文种的礼物，欣然接纳，又将文种引荐给吴王说："现在越王已经臣服，愿意带着妻子做您的大臣。如果您宅心仁厚，由此赦（shè）免他，天下人也会赞叹您的大度。"

吴王一听又想要答应文种，一旁的伍子胥又劝阻道："不行啊。如果此时放虎归山，将来一定会后悔莫及的。"但吴王没有听伍子胥的谏言，接受了越国的投降，但要求越王勾践来吴国做囚臣。

勾践在吴国过了三年囚臣的屈辱日子后被赦免回国，立志发愤图强，一雪前耻。他怕自己贪图安逸舒适的生活，消磨了复仇的志气，于是晚上就枕着兵器，睡在柴草堆上。他还把苦胆悬挂到房梁上，每天早上起来后就尝一尝苦胆，吃饭之前也尝一尝，告诉自己说："勾践啊勾践，难道你忘记会稽的耻辱了吗？！"

　　勾践始终记着仇恨，选贤任能，派文种管理国家政事，范蠡管理军事；他鼓励士兵，爱护百姓，自己也行简朴生活，与农夫一起劳动，妻子也纺线织布，勾践的这些举动感动了越国上下官民。经过十年的艰苦奋斗，越国终于兵精粮足，转弱为强。

　　另一边，吴王却放松了对越国的警惕，还喜欢上阿（ē）谀（yú）奉承的话，杀害了忠臣伍子胥。

　　后来，越王勾践终于打败了吴国。这次吴王派人向勾践求和，范蠡坚决主张灭掉吴国。吴王见求和不成，后悔没有听伍子胥的忠告，羞愧地拔剑自杀了。越王勾践安葬了吴王，并杀了太宰嚭。

思考与启示

　　在困境中，勾践始终胸怀复国大志，不放弃自己的目标，这启示我们在面对挫折和困难时，要有坚韧不拔的毅力和远大的理想抱负，即使处于低谷，也不能失去对未来的信心和追求，要学会忍耐和坚持，为实现自己的目标而努力奋斗。

越王勾践剑

1965 年 12 月在湖北江陵（今荆州市荆州区）望山 1 号楚墓出土了一把宝剑。这把剑的长度为 55.7 厘米，宽度为 4.6 厘米，剑首向外翻卷呈圆盘形，内铸 11 道精细的同心圆，剑身布满了神秘的黑色菱形暗纹，剑格的正面和反面分别用蓝色琉璃和绿松石镶嵌成美丽的纹饰，整把剑的造型显得高贵又典雅。

关于这把宝剑的主人，我们在剑身正面靠近剑格处找到了答案。这里写有两行错金鸟篆（zhuàn）铭文：“越王鸠浅自乍（作）用鐱（剑）。”经专家考证，鸠浅就是勾践。也就是说，这把宝剑的主人是越王勾践，于是这把剑就被称为“越王勾践剑”。

越王勾践剑出土时插在漆木剑鞘（qiào）里，保存完好如新，刃薄而犀利，出鞘时仍然寒光闪闪，耀人眼目，可以猜想出这把剑的制作工艺使用了当时先进的青铜冶炼技术，才能使剑历经两千五百余年仍然纹饰清晰精美，寒光闪闪，毫无锈蚀。越王勾践剑是不可多得的国宝级文物，甚至被人称为“天下第一剑”，现藏于湖北省博物馆。

田忌赛马

> 孙子曰："今以君之下驷（sì）与彼上驷，取君上驷与彼中驷，取君中驷与彼下驷。"既驰三辈毕，而田忌一不胜而再胜，卒得王千金。于是忌进孙子于威王。威王问兵法，遂以为师。
>
> （选自《史记·孙子吴起列传》）

解释 讲述了孙膑帮助田忌赢得赛马比赛的故事。后世多用来说明要用自己的长处战胜对手的短处。

例句 对手很强大，但我们若合理设计战术，像古人田忌赛马一样，未尝没有胜算。

　　孙膑（bìn）是中国古代军事家孙武的后代，他曾经和庞涓（juān）一起学习兵法，又一起到魏国做事。庞涓知道自己的才能比不上孙膑，害怕他比自己贤能，于是在嫉妒心的驱使下陷害了孙膑，残酷地去掉了孙膑的膝盖骨，并在他脸上刺字，想使孙膑不能抛头露面。

困境中的孙膑并未轻易放弃，他终于等到了一个好机会。听说齐国的使臣来到魏国都城大梁，于是他想尽办法秘密地会见了齐国使者。通过交谈，齐国使臣认为他是一个难得的人才，就偷偷将他带到了齐国，成为齐国将军田忌的门下。

田忌是齐国大将军，他非常善于用兵，是战国时期很厉害的大将军。孙膑来到田忌的门下，不仅得到田忌的赏识，田忌还对他非常客气礼貌。孙膑很感恩，想以自己的才能报答田忌。

田忌经常和齐国的贵族公子们一起赛马，孙膑跟在身边观察了几天，他发现大家的马奔跑能力都差不多，可分为上、中、下三等。这天，田忌又和齐国的贵族公子们一起赛马。孙膑对田忌说："您只管下大注，臣下必能使您获胜。"田忌相信了他，与齐王和诸公子用千金来赌胜。

第一场比赛开始了，孙膑说："将军，请用您的下等马对付他们的上等马。"田忌虽然觉得奇怪，但还是觉得孙膑这么做肯定是有道理的，于是放出了自己的下等马。下等马当然是输了，贵族公子们嘲笑田忌失策了。

第二场比赛的时候，孙膑说："请用您的上等马对付他们的中等马。"田忌欣然答应。这场比赛毫无悬念地赢了。

此时，孙膑和贵公子们战成平局，最后一局要决定胜负了。这不仅是一场价值千金的比赛，田忌还想在比赛后将孙膑推荐给齐威王。

田忌问："你有把握吗？"

孙膑回答道："将军请相信我，请用您的中等马对付他们的下等马。"田忌听从孙膑的建议，放出自己的中等马。

"加油！加油！"观赛的人都紧张地看着比赛现场。"嘶……"随着一声马的嘶鸣，田忌的中等马率先过线，赢得比赛。

田忌以一局之胜战胜对方，获得了千金之赏。田忌把孙膑推荐给齐威王。后来，田忌为将军，孙膑为军师，一起打了很多胜仗，并在战场上击败庞涓。

思考与启示

在竞争激烈的社会中，无论是商业竞争、学业竞争还是人际交往，都需要找准自己的优势领域，发挥自己的长处，这样才可能在竞争中取得胜利。

拓展阅读

孙膑与《孙膑兵法》

田忌赛马之后，孙膑得到齐威王的重用，成为军师，他可以根据不同的战场形势和敌我双方的特点，制定独特的作战策略。比如在桂陵之战中，采用"围魏救赵"的策略，没有直接去赵国救援，而是进攻魏国都城大梁，迫使庞涓回师救援，然后在桂陵设伏击败魏军；在马陵之战中，又使用"添兵减灶"的计策，诱使庞涓轻敌冒进，最终将其歼灭。

孙膑因为出众的军事才能成了著名的军事家，他和他的弟子还著有兵书《孙膑兵法》。

从孙武的《孙子兵法》到孙膑的《孙膑兵法》，我们可以看到古代军事思想的传承和发展脉络。不同的军事家在不同的历史时期，根据自己的实践经验和对战争的理解，对前人的军事思想进行补充、完善和创新，提出了许多有价值的作战思想和原则。这部著作在研究古代军事战略、战术、军队建设等方面具有重要的参考价值，也为后世的军事理论发展提供了重要的借鉴和启示。

完璧归赵

> 相如曰："秦以城求璧而赵不许，曲在赵。赵予璧而秦不予赵城，曲在秦。均之二策，宁许以负秦曲。"王曰："谁可使者？"相如曰："王必无人，臣愿奉璧往使。城入赵而璧留秦；城不入，臣请完璧归赵。"
>
> （选自《史记·廉颇蔺相如列传》）

解释 战国时期，赵国的蔺相如将和氏璧完好地从秦国送回赵国，后世用来形容将事物原模原样还给主人的行为。

例句 几经周折，这幅珍贵的古画终于完璧归赵，回到了博物馆。

战国时期，赵国国君赵惠文王得到了一件有名的宝物——和氏璧。秦国国君秦昭王听说后，派人致函赵王，表示愿以十五座城池交换和氏璧。

赵王接信后与大臣商议道："秦王想用十五座城池交换和氏璧，我担心他不会兑现诺言，想找一个人来处理这件事，你们有推荐的人吗？"这时，大臣缪（miào）贤道："我有一个门客，名叫蔺（lìn）相如，足智多谋，能顾全大局，定能担此重任。"

　　赵惠文王听了缪贤的话，立即召见蔺相如问道："秦国要十五座城池换和氏璧，能给他吗？"

　　蔺相如答道："今秦强赵弱，只得给他。"

　　赵王又问："秦王得到宝物，若不履行诺言怎么办？"

　　蔺相如道："秦国要求以十五座城池换和氏璧，如果赵国不同意，那就是赵国的错，如果秦国拿走了和氏璧，却没有兑现诺言，那就是秦国的错。相较于让赵国犯错，我们宁愿答应秦国，让秦国承担责任。"

　　赵惠文王点头同意，问蔺相如："那你认为，满朝上下，谁能作为使者来处理这件事？"

　　蔺相如跪下说道："大王如果无人可派，我愿出使秦国。秦昭王若有诚意，我就恭恭敬敬地把和氏璧交给秦国；如果他反悔，我一定想方设法把和氏璧带回赵国，不让秦国的阴谋诡计得逞。"于是赵惠文王派蔺相如带着和氏璧前去秦国。

　　秦王在章台接见了蔺相如，拿到宝物后，笑着将宝物随手递给妻妾和大臣观看，在场的人都称赞和氏璧为宝玉，高呼"万岁"。

　　蔺相如见秦王丝毫没有守信的意思，忙道："这块宝玉看似完美，其实有一点小瑕疵，让我为您指出来。"秦王一听很好奇，就把和氏璧还给了蔺相如。蔺相如抱着和氏璧，退后几步站定，他身体靠在柱子上，怒发冲冠，对着秦王说："大王要想得到宝玉，便要信守承诺，以城换玉！当时您给我们国君送信，国君召集大家商议，大家都认为秦国贪财欺人，不可轻信，但国君还是斋戒五日，要我带宝玉前来，这是对您的崇高敬意，也是赵国对秦国的尊重。如今我来到这里，您却在这一般的宫殿接见我，举止随意，神态嚣张，得到宝物后，又随手交给妃子大臣看，如此侮辱宝物，分明是在贬低我赵国。我看您一点诚意都没有，所以我把宝物拿回来。如果您非要逼我，我就把我的脑袋，连同宝物一起撞到柱子上！"

说完，蔺相如抱着和氏璧，斜瞄着柱子，作势要撞。秦王见此架势，生怕毁了宝物，连忙向蔺相如赔礼道歉，并在地图上指出交给赵国的十五座城池。

这时候蔺相如已经明白，秦王不过是故意做戏罢了，赵国不可能得到这些城池。他想了一下，对秦王说："和氏璧是举世公认的宝物，赵王送璧之前斋戒了五天，如今大王也应斋戒五天，在大殿上布置九宾大典，我才敢奉上和氏璧。"秦王看到蔺相如坚定的目光，知道强夺宝玉是不可能的，于是答应斋戒五日，请相如暂住。

蔺相如已经看清了秦国的真实面目，于是他回到住处，连忙派部下穿上麻布衣服，伪装成往来的客商，在身上藏好和氏璧，从小路返回赵国。等斋戒五日后，秦王在殿中设九宾之礼，按约定邀请赵国使者蔺相如。蔺相如到后，对秦王说："秦国自穆公以来的二十几位君主，没有一人遵守盟约，我实在担心上当受骗，辜负我们国君的信任，只好派人把和氏璧带回赵国。况且秦强赵弱，大王只要派使者去赵国，答应给赵国十五座城池，我们马上便将和氏璧送来。"

秦王与群臣面面相觑（qù），没想到蔺相如竟然敢当众欺骗秦王。秦王的侍从上前，想处死蔺相如，秦王叹了口气，摇头道："就算杀了他也得不到宝物，反而破坏了秦赵之间的关系，辱没了秦国的名声。不如就此善待他，让他回去吧。"

于是秦王还是按照礼数，在殿中接待了蔺相如，之后便让他回国。赵王听说了蔺相如的事迹，封他为大夫，又赐给他许多钱财。后世称赞蔺相如的智谋和胆略，称其将和氏璧带回赵国的壮举为"完璧归赵"。

思考与启示

蔺相如在面对强秦的威胁时，展现出了非凡的智慧和勇气，凭借着敏锐的洞察力和机智的应对策略，成功保护了和氏璧并将其完好无损地送回赵国。这启示我们在面对困难和挑战时，要勇敢地迎接挑战，运用智慧去寻找解决问题的方法。

中国的玉

中国玉文化由来已久，玉是中国象征。2008 年北京奥运会时，就以"金镶玉"工艺制作奖牌，可见其重要性。

沈从文在研究文物时总结，中国的玉根据颜色、形状、用途不同，有着不一样的称谓：孔半径小环宽大的叫"璧"，孔半径大环宽小的叫"瑗（yuàn）"，孔半径和环宽相等的叫"环"；红色的玉叫作"琼"，黑色的叫"玖"；佩饰玉中有缺口的叫"玦（jué）"；半璧叫"璜（huáng）"；方柱形中空用于祭地的叫"琮（cóng）"。更有雕刻成老人状，幼童佩戴易于长大的叫作"翁仲"，皮帽上用于装饰似大纽扣的叫作"瑊（qí）"，不知是耳环还是死后放在耳朵内的叫作"珥（ěr）""瑱（tiàn）"。

负荆请罪

> 廉（lián）颇（pō）闻之，肉袒（tǎn）负荆，因宾客至蔺（lìn）相如门谢罪，曰："鄙贱之人，不知将军宽之至此也！"卒相与欢，为刎（wěn）颈之交。
>
> （选自《史记·廉颇蔺相如列传》）

解释 背着荆条，向当事人请罪，请对方责罚自己。现在用来形容主动向人认错、道歉，自请严厉责罚的行为。

例句 你现在负荆请罪，主动承认错误，大家都会原谅你的。

　　在蔺相如完璧归赵之后，秦国对这件事非常记仇，时不时就要攻打赵国，给赵国带来了很大的军事压力，赵国不堪其扰。

　　这时秦昭王派使者通告赵王，想在渑（miǎn）池与赵王进行一次友好会见。可是赵王害怕被秦国留下，不敢去。赵王的两位大臣廉颇和蔺相如一致认为："大王如果不去，就会显得赵国既软弱又胆小，不如迎难而上。"赵王思前想后，还是决定让蔺相如随行一起前往赴会。廉颇带着大军守在边境，和他们道别："大王此行不会超过三十天。如果到时候您真的被秦国扣押，请允许我们立太子为王，以断绝秦国借此进攻赵国的诡计。"赵王点头同意，随即他怀着沉重的心情和蔺相如一起去往渑池。

来到渑池，秦王摆下筵席，招待赵王和蔺相如等人。秦王喝到兴头上，突然说："我听说赵王爱好音乐，请您弹瑟，让我们一起欣赏吧！"赵王很憋屈，但又没有办法，只好弹起瑟来。这时秦国的史官在一旁，提笔写道："秦王与赵王一同饮酒，命赵王弹瑟。"

蔺相如看到以后，知道这是秦国的计策，眼睛一转就上前说："赵王私下听说，秦王擅长击缶（fǒu），请您和赵王一起合奏吧。"秦王听后很生气，不愿意击缶，蔺相如又向前递上瓦缶，跪下请求说："如果您不肯击缶，我蔺相如的命不值钱，恐怕要就此撞死，当场把脖颈里的血溅在大王身上，搅扰这个宴会了！"

秦国的侍从们听到这话，纷纷拔刀，想要上前保护秦王。谁知蔺相如睁大双眼，"啊！"一声猛喊，吓得侍从们连忙后退。

秦王见蔺相如来势汹汹，只得轻轻地敲了一下缶。蔺相如立马回头招呼赵国史官写下："秦王为赵王击缶。"

秦国的大臣们不服气："请你们用十五座城向秦王献礼。"

蔺相如不甘示弱，立刻回怼："请你们用秦国的咸阳向赵王献礼。"

蔺相如用自己的口才和胆识帮助赵王解围，让秦国在渑池之会上一点便宜都没占到。赵王回国以后，认为蔺相如功劳很大，封蔺相如为上卿，位置在廉颇之上。

廉颇听到以后，心生不满："我是赵国的大将军，爵位是靠着打胜仗打出来的。而这个蔺相如，不过是个耍嘴皮子、玩小聪明的人。他的地位在我之上，简直岂有此理！如果让我遇见他，一定要好好教育他一番，让他无地自容。"

这番话传到蔺相如耳朵里，蔺相如不仅不争辩，反而处处躲着廉颇。他不仅穿上了普通的衣服，乘坐简单的车马，掩盖了行踪，在大大小小的场合都不肯再和廉颇见面，就连在朝堂上也常常请假，以免和廉颇起争执。

有一次，蔺相如乘车外出，远远地看到廉颇，马上命人掉转方向，表示回避。廉颇看到以后得意地说道："看来蔺相如还是有自知之明，害怕我的力量。"蔺相如的门客不服气："如今您与廉颇的官位差不多，他口出恶言，您却害怕地四处躲避，这一点都不像您啊。像我们这些平庸的人，都为您感到羞耻！我们这些人没出息，受不了这样的气，请让我们告辞吧！"

蔺相如听了以后，提出一个问题："廉颇大将军和秦王相比，谁更可怕？"

大家都回答说："那当然是秦王。"

蔺相如继续反问："对着秦王，我都敢谈笑风生，大声呵斥羞辱，我还会怕其他人吗？"

"那您不怕廉颇，为什么要躲着他呢？"蔺相如的门客还是不理解。

"秦国不敢对赵国用兵，是因为赵国有廉颇和蔺相如。如果我们两人因为一点小小的私利互相争斗，国家也就危险了。"蔺相如慢慢地说出自己真实的想法。

门客们被蔺相如的大局观所折服，再也不提离开的事情。

过了一段时间，蔺相如的这番话也传到了廉颇的耳朵里。廉颇恍然大悟，并为自己的行为感到羞愧。他立刻脱去上衣，露出上半身，背着荆条，让有身份的人出面引导，来到蔺相如的门前跪下请罪："先生，对不起。我听了别人几句挑唆（suō），就想要找您的麻烦，幸亏您有宽广的胸襟，请原谅我吧。"

蔺相如连忙亲自扶起廉颇，大声地感叹道："廉颇将军，您可是国家的顶梁柱啊！"于是两人重归于好，不仅成为生死与共的好友，还一起为赵国的发展出力，他们合作的十几年间，秦国果然不敢对赵国用兵。

后世的人赞扬蔺相如顾大局，也欣赏廉颇的直率，勇于承认错误，于是便把廉颇背着荆条请罪的行为称为负荆请罪，用来形容那些主动承认错误，承担责任，接受责罚的行为。

思考与启示

生活中，我们每个人都可能会犯错，关键是要勇于承认错误、改正错误，才能避免造成更大的损失。同时，在与人相处中，我们也应该学会宽容和理解，不要为了一些小事制造矛盾和冲突，有分歧时要通过沟通和协商解决，共同营造和谐的人际关系和社会环境。在团队或集体中，也要树立大局意识，把集体利益放在首位，不要因为个人的私利或矛盾而影响团队的团结和协作。

缶 (fǒu) 的由来和演变

在渑池之会中，秦昭王戏弄赵惠文王，令其鼓瑟，蔺相如帮助赵惠文王回击秦昭王，令其击缶。瑟是一种乐器，缶也是一种乐器，不过缶一开始并不是乐器，它的功能和地位随着时代的变化而不断演变。

缶一开始是一种盛酒的器皿，多为瓦制，也有铜制。缶能变成乐器，是因为当缶被用来装酒时，人们喝到兴头上便会一边敲打着器身打拍子，一边大声吟唱，久而久之，缶就成了一种乐器。在先秦时代，缶属于民间乐器的一种，主要是受到底层民众的喜爱，这也是秦国国君不愿意击缶的原因之一。到了汉魏以后，特别是元、明、清时代，缶的地位得到提升，渐渐地由俗乐转变成雅乐。到了现代社会，缶作为传统乐器的功能逐渐减弱，但它成了一种文化遗产和文化符号，在今天仍然有着重大的意义。比如，在2008年北京奥运会的开幕式中，就有千人击缶迎接八方来客的表演，彰显着缶独特的文化意义。

纸上谈兵

赵括自少时学兵法，言兵事，以天下莫能当。尝与其父奢（shē）言兵事，奢不能难，然不谓善。括母问奢其故，奢曰："兵，死地也，而括易言之。使赵不将括即已；若必将之，破赵军者必括也！"

（选自《史记·廉颇蔺相如列传》）

解释 只在纸面上谈论用兵的策略。比喻空谈理论，不能解决实际问题。含贬义。

例句 要想踢好足球，纸上谈兵可不行，应到球场上多多练习。

赵括是赵国名将赵奢的儿子，他从小熟读兵法，学问广博，但性格自负骄傲，自以为天下无人能敌。

父亲赵奢与赵括谈论兵法的时候，赵括说得头头是道，就连赵奢也难不倒他，但是赵奢却从不夸奖自己的儿子。赵括的母亲就问赵奢：

"儿子懂得这么多，连你都难不倒他，那为什么不愿表扬他呢？"赵奢回答："用兵打仗，战术只是一个方面，赵括只是理论上懂得，并没有实战经验；战争是关乎生死的事，赵括却看得很简单，对战争没有敬畏之心。如果他不做将军还好，倘若有一天真做了将军，他的骄傲一定会导致赵军失败！"

后来秦国和赵国在长平发生战争，在局面于赵国不利的情况下，赵国大将廉颇固守长平，坚守不出，秦军拿他毫无办法。于是秦军用计，散播谣言说："廉颇虽然厉害，但已经老了，不敢出战，不足为惧。现在秦军就怕名将赵奢的儿子赵括来做将军。如果赵国真的那样做，秦军恐怕就危险了。"赵王听了以后大喜过望，马上下令："以赵括为主将，取代廉颇，变防守为进攻。"

蔺相如听说这个消息，叹气说："没有想到啊，大王居然只凭名声，听了两句没头没尾的话，就阵前换将，任用赵括。据我所知，赵括并不是一个多厉害的人，只会读他父亲赵奢留下的兵书，完全不懂得战场上的应变。"赵王听了这些话不为所动，仍然坚持任命赵括为主将。

等到赵括起程的时候，赵括母亲上书赵王："绝不能让赵括做将军。"

"这是为什么？"赵王感到不解。

赵括的母亲回答说："赵奢是一位好的将军，是因为他对战争怀有敬畏之心，对待将士就像自己的亲人；就连大王赏赐的东西，也都分给部下同僚；只要接受了大王的命令，就不再为家事分心。可是现在赵括做将军，常常摆起官架子，没有战绩却自以为了不起。他的部下和同僚，没有一个敢抬头看他。大王赏赐的珍宝，他全都据为己有，还天天想着购置田地房产。他哪里像他的父亲呢？父子二人完全是不同的心性，他虽然熟读兵法，但没有作战的经验，恐怕打不了胜仗，希望大王不要派他领兵。"

赵王听了只觉得是一位母亲不想让儿子上战场，他回答说："您就别担心了，我已经决定好了。"

赵王还是坚持让赵括代替廉颇，赵括成为主将后，他遵照赵王的意图，改变了廉颇的防御部署以及军规，着手组织进攻。秦国一看赵国中计，连忙任命名将白起为统帅，白起针对赵括急于求胜的心理，假装失败后退，引诱赵括率军追击，进而对赵军分割包围，然后截断赵军的粮道。只过了四十多天，赵军就饿得失去了战斗力。赵括率领部队突围，却在乱军之中被射死，前后损兵四十五万，赵国从此元气大伤。

后世人们将赵括这种空谈理论，不能解决实际问题的行为，称作纸上谈兵。

思考与启示

理论知识固然重要，但只有通过实践才能真正掌握和运用。在生活和学习上，我们也不能仅仅停留在书本上，而要积极参加实践活动，将理论与实际相结合，才能不断提高自己的能力和水平。

纸上谈兵的纸不是纸

纸上谈兵的典故发生在战国时期，可是纸的发明是在汉朝时期。东汉宦官蔡伦总结前人经验，改进造纸工艺，以树皮、麻头等植物纤维为原料造纸，大大提高了纸的质量，此后纸的使用才日益普遍。这都是后话。所以，纸上谈兵的纸肯定不是纸，那又是什么呢？

战国时期的书写载体一般有以下几种：

一种用竹子削成狭长的竹片，也就是竹简。人们用毛笔在竹简上书写文字，然后用绳子把竹简编连起来。因为简的编连方式和存放特点，后人用"册""编""卷"来称书籍的篇幅。竹简取材容易，制作简单，但它比较笨重，携带和保存不便。

还有一种是木牍（dú）。它是用木板制成的书写材料，形状一般为长方形，制作方法与竹简类似，也是用毛笔书写，比竹简稍宽，可以书写更多的内容，但也比较笨重。

再有一种就是帛，也就是用丝织品制成的书写材料。写在丝织品上的书被称为帛书。帛质地柔软，书写方便，携带轻便，但价格昂贵，一般只有贵族和富人才能使用。

那为什么会有纸上谈兵这个成语呢？这还是因为造纸术的发明，有了造纸术，纸张的使用越来越普遍，所以习惯使用纸张的后人就根据赵括的故事演变出了"纸上谈兵"。

毛遂自荐

> 门下有毛遂（suí）者，前，自赞于平原君曰："遂闻君将合从于楚，约与食客门下二十人偕，不外索。今少一人，愿君即以遂备员而行矣。"
>
> （选自《史记·平原君虞卿列传》）

解释 指战国时期，毛遂自我推荐跟随平原君前往楚国游说的行为。后来形容自告奋勇或自我推荐，要求担当某项工作。

例句 面对这次难得的机会，她毛遂自荐，希望能够发挥自己的才能。

　　战国时期，秦国的军队包围了赵国的都城邯郸。万分危急之时，赵王派身为相国的平原君出使楚国求援，请求楚王与赵国联合起来一起对抗秦国。

　　平原君准备从门客中挑选二十位文武兼备的人与自己一同前往楚

国，但挑来挑去，只选出了十九位，最后一位却迟迟没有着落。平原君对着门客们失望地说："可惜呀，可惜呀，竟再也找不出一位与我同去的猛士啊！"

这时有个名叫毛遂的人走上前来，对平原君说："听说您要到楚国去求援，现在既然还少一人，请求您带上我吧！"

平原君对毛遂很陌生，于是问道："先生到我的门下有几年了？"毛遂回答："整整三年了。"平原君摇摇头说："我听别人说，有才能的人到一个地方，就如同锥子放入口袋，尖锐的锋芒会显露出来。可先生您已经来了三年，我也从未听到有人推荐您，这说明先生没有什么厉害的地方啊，还请您留下来，不要因此误了国家大事。"

毛遂听了也不辩解，只是诚恳地说："我今天就请求您将我放在'口袋'里吧。您要是早些让我加入，我也会早早露出锋芒。"平原君见毛遂如此坚持，也没有其他更好的人选，于是点头同意。同去的另外十九人听到毛遂说出此番豪言壮语，都暗自在心里嘲笑毛遂。

到了楚国，毛遂和其余十九人一起谈论政治局势，十九人纷纷被毛遂的才能所折服。平原君和楚王谈判订立盟约一起抗秦。可从早晨一直谈到中午，楚王始终不答应。跟随平原君来的门客们见局势如此紧张，纷纷鼓动毛遂说："恐怕唯有先生登堂才能解围了。"毛遂也不推辞，一只手紧握剑柄，一路小跑到了殿堂之上，斩钉截铁地说道："联盟抗秦，不就'利''害'两字吗，短短两句话而已，居然从早晨谈到中午，现在迟迟不做决定，是什么缘故？"楚王见毛遂如此无礼，就愤怒地问平原君："此人是干什么的？为何如此粗鲁地来打扰我们？"平原君回答："这是我身边的随行门客。"楚王立刻厉声呵斥道：

"我是跟你的主人谈判，你来掺和什么！区区门客这样不懂礼数，马上给我下去！"

谁知毛遂不退反进，紧握剑柄走向前说："大王敢呵斥我，无非是依仗楚国人多势众。但我们现在相距只有十步，就算有百万雄兵，也来不及救援，您的性命就在我手中，而我的主人就在面前，凭什么这样呵斥我呢？我听说商汤起兵时，仅仅凭着方圆七十里的土地，就能征伐天下，周文王治理国家的时候，凭着百里大小的土地，名扬四方，使诸侯臣服，这难道是因为他们的土地和士兵多吗？！实际上这是由于他们能够审时度势，奋发有为！如今您楚国土地纵横五千里，士兵过百万，您的威势完全可以震慑天下！那秦国的白起，不过是一个年轻的毛孩子，带着区区几万人，居然连着三次战胜楚国，这楚国与秦国的怨仇，连赵王都为您感到羞耻！现在我们订立盟约抗秦是为了帮助楚国洗刷耻辱，而不是为了救赵国，您凭什么要这样呵斥我呢？！"

听了毛遂这番发言，楚王立刻变了脸色说："的确如先生所说的啊，我之前小看了您，现在我愿意竭尽全国的力量，履行抗秦盟约。"毛遂接着逼问："现在联合抗秦算是确定了吗？"楚王赶紧起身回答："已经确定！"于是毛遂对楚王的左右近臣说："那就把鸡、狗和马的血取来，歃（shà）血为盟，以示确定合纵盟约的诚意！"就这样，毛遂逼着楚王，同平原君确定了联合抗秦的盟约。

平原君一行人返回赵国后，平原君对毛遂说："看到您的表现，我感到十分惭愧，不敢再去识别人才了。我曾经自以为贤德，观察挑选了千百个人才，没想到竟把毛先生给漏下了。您这三寸之舌，竟要强过楚国的百万雄兵，我真心地向您道歉！"从此平原君将毛遂奉为上宾。

思考与启示

　　毛遂在关键时刻挺身而出，主动向平原君推荐自己，这启示我们在生活中要有勇气展现自己的才能和优势。很多时候，机会不会主动降临，我们需要勇敢地站出来，让别人看到我们的价值，不要因为害怕失败或担心被拒绝而不敢尝试。只有敢于展示自己，才有可能获得更多的机会。当然，毛遂能够在关键时刻脱颖而出并非偶然，他平时积累了丰富的知识和经验，才有足够的底气自荐。只有做好充分的准备，才能在机会来临时抓住它，实现自己的人生价值。

拓展阅读

战国四公子

　　战国末期，秦国越来越强大，为了对抗秦国，各诸侯国贵族通过养"士"的方式吸引有才能的人才，包括学士、策士、术士等。其中以养"士"著称的有齐国的孟尝君、赵国的平原君、楚国的春申君、魏国的信陵君。他们被后人合称"战国四公子"。

　　孟尝君即"田文"，是战国时齐国的贵族，他非常热情好客，在他的门下有贫富贵贱身份不一的食客数千人。孟尝君有出众的军事才能，曾联合韩、魏先后打败楚、秦、燕三国。

平原君即"赵胜"，是战国时赵国贵族，他也是赵惠文王的弟弟，任赵相，有食客数千人。

春申君即"黄歇"，是战国时楚国贵族，门下有食客三千。曾派兵救赵攻秦，后又灭鲁。

信陵君即"魏无忌"，是战国时魏国贵族，门下有食客三千。他特别注重尊重士人并接受他们的建议，著名的事件有"窃符救赵"。在秦国围攻赵国都城邯郸时，他用计窃得兵符，击杀畏缩不前的魏将晋鄙，夺取兵权，救赵胜秦。

破釜沉舟

> 项羽乃悉引兵渡河，皆沈（沉）船，破釜（fǔ）甑（zèng），烧庐舍，持三日粮，以示士卒（zú）必死，无一还心。
>
> （选自《史记·项羽本纪》）

解释 把锅打破，把船沉掉。表示没有退路，非打胜仗不可。比喻下定决心，一拼到底。

例句 真要想做成这件事情，就要有破釜沉舟的决心。

秦朝末年，人民生活极其困苦，不少人走上反抗秦朝暴虐统治的道路。在此背景下，陈胜吴广起义爆发，这是中国历史上第一次大规模的农民起义。陈胜吴广失败后，反秦的最大势力就是项梁。项梁有个厉害的侄子叫项羽。他们立楚王的后裔为王，吸引了大量的楚人，随后魏国、齐国、赵国、楚国、韩国、燕国后裔也相继开始了复国运动。

当时，秦国有一位非常厉害的将军名叫章邯（hán）。当初他率军镇压了陈胜吴广领导的起义军，之后他又率军围剿赵王和他的赵军，将他们围困在巨鹿（今河北平乡西南），各路人马前来救援，但都无能为力。赵王只好向楚求救。于是，楚怀王任命宋义为上将军，项羽为副将，范增为末将，率兵前去救援。

军队一路浩浩荡荡，大家都士气昂扬，可是当大家到达安阳后，宋义却接连四十六天按兵不动。项羽多次请求进军决战，说："我听说秦军把赵王包围在巨鹿城内，现在不如赶快率军渡过黄河，从外面攻打秦军，而赵军在里面往外打，两支军队里应外合，一定能打败秦军。"

宋义却说："我认为不是这样。秦国虽然残暴无道，但力量强大，我们不如观望一下，让秦国攻打赵国，就算他们打胜了，也会被赵国消耗，变得疲惫不堪，这样我们就可以趁机剿灭他们。如果秦国打不胜，准备撤退，我们就领军大举西进，趁他逃跑时消灭他，一定能歼灭秦军。所以，现在不如先让秦、赵两方相斗！"

这时候已经是十一月，天气很冷，又碰到下大雨，楚营里军粮供应不足，士兵们受冻挨饿，宋义却还大摆宴席会宾客。项羽忍无可忍，进入营帐杀了宋义，接着对将士们说："宋义阴谋叛变，我奉命将他斩首。"将士们听后，都表示愿意听从项羽的指挥。项羽把杀宋义的事及原因报告了楚怀王，楚怀王正式任命他为上将军。

项羽为了救援赵国，先是派遣两万人渡河一路驰援到巨鹿，取得了一些小规模战斗的胜利，接着项羽率主力渡河。渡了河，项羽命令将所有的船只凿沉，将锅碗全部砸碎，把军营全部焚烧，只带上三天

的干粮，断绝所有的退路，以此激发士兵们和敌人决一死战的决心。

部队到达巨鹿后，很快包围了秦军。没有退路的楚军果然以一当十，个个勇猛无比，杀声震天，在很短的时间内阻断了秦军运送粮草的通道，俘虏（lǔ）了秦军将领。此时，楚军的威名已经传遍了各个诸侯。

在击败秦军后，项羽率领的军队成了当时反秦力量中最强大的一支。项羽也成了当时的著名领袖人物。后来，"皆沈船，破釜甑"演化为成语"破釜沉舟"，用来比喻拼死一战，决心很大。

思考与启示

项羽在关键时刻果断地做出破釜沉舟的决定，没有瞻前顾后，犹豫不决，这是一种极端的策略，将自己置于绝境，反而能激发人的潜能，让人在绝境中寻找出路。当然，这并不意味着盲目行动，而是在充分考虑各种因素后，迅速做出决策，并坚定地执行下去。

中国古代的饮食器具

古代饮食器具的名称与我们现在饮食器具的名称大不相同。

就拿炊具来说，"破釜沉舟"故事中的"釜"是一种圆底而无足的炊具，有点类似我们今天的圆底锅，可以安置在炉灶之上或是以其他物体支撑煮物。曹植《七步诗》中"豆在釜中泣"里的"釜"也是指这个炊具。

鼎是盛行于商周时期的炊具兼礼器。多用青铜制成，一般为圆腹、两耳、三足，也有四足的方鼎，主要用于煮肉、盛肉，是贵族身份和权力的象征。在崇尚礼制的西周，会以鼎、簋（guǐ）（一种食器）的数量区分贵族等级，同时还规定了使用制度，比如鼎是奇数，簋是偶数，周天子可以使用九鼎八簋，诸侯只能使用七鼎六簋等。

鬲（lì）是新石器晚期出现的一种古代炊器。在商周时期盛行，形状似鼎，但足部中空，与腹部相通，这使得鬲在加热时受热面积更大，效率更高，器型小的可用于烧水、加热食物和盛酒。

甑（zèng），底部有许多用来过蒸汽的小孔，放在鬲上蒸煮，如同现代的蒸锅。有名的小吃甑糕，名字的由来就和甑有关。现代社会，在云贵川等地仍有用甑来蒸米饭的习俗。

酒器也有很多种，有一个成语叫"觥（gōng）筹交错"，描写酒器和酒筹交互错杂的场景，形容宴饮欢甚。这里的"觥"就是指一种青铜制酒器，器腹椭圆，有兽头形器盖，也有整器作兽形的，并附有小勺，盛行于商代和西周初期。

还有一种喇叭形口、细腰、高圈足的酒器叫作觚（gū）；还有斝（jiǎ），为圆口，有鋬（pàn）（器物上供手提的部分）和三足，用以温酒；觯（zhì），形似尊而小，或有盖，用以作饮器；卣（yǒu），为椭圆口，深腹，圈足，有盖和提梁，也有作圆筒形的，器型变化较多，用以盛酒；盉（hé），为圆口，深腹，三足，有长流、鋬和盖，用以和水于酒，然后倾入于爵、觚、觯以饮，或以为兼可温酒。

古代食器的种类也很多，比如用来盛放食物的食器有簋和豆。簋盛行于商周时期，用青铜或陶制成。豆多为陶制，形状像是高脚盘，有的会带盖。还有用来取食物的用具叫匕（bǐ），类似现代的勺子，箸（zhù）则是古代筷子的名称。

《战国策》

战国纵横家的谋略宝典

关于作品

《战国策》：是一部国别体史书。主要讲述了战国时期纵横家的政治主张和策略，是研究战国时代的重要历史资料。本书作者并非一人，成书时间也并非一时。西汉刘向编订为三十三篇。

关于作者

刘向（约前 77—前 6）：本名更生，字子政，沛（今江苏沛县）人。西汉经学家、文学家、目录学家。曾校阅群书，撰成《别录》，因此被称为"目录学鼻祖"。

南辕北辙

"

魏王欲攻邯郸，季梁闻之，中道而反，衣焦不申，头尘不去，往见王曰："今者臣来，见人于大行，方北面而持其驾，告臣曰：'我欲之楚。'臣曰：'君之楚，将奚为北面？'……此数者愈善，而离楚愈远耳。"

（选自《战国策·魏策四》）

解释 有的人心里想着要往南去，却驾着车往北走，比喻行动与目的相反，结果离目的越来越远。

例句 只有明确了学习目标，才不会南辕北辙。

自三家分晋，晋国分成了赵国、韩国和魏国。战国后期，魏国的国家实力越来越弱，但是魏王仍然做着霸主之梦，想要攻打赵国的都城邯郸。季梁是魏国的大臣，在外地出使的途中听到魏国要攻打赵国的消息，连忙返回魏国都城。

《战国策》·战国纵横家的谋略宝典

129

季梁披星戴月地赶回都城大梁，他甚至顾不上休息，深夜请使者通报，说有要紧的事。魏王也感到奇怪，季梁已经走了好长一段时间，这下怎么突然回来了呢？一定是有特别重要的事，马上同意季梁觐（jìn）见。

结果两人一见面，魏王就忍不住笑了起来。他见季梁衣服上满是褶子，头上都是灰尘。魏王好奇地问道："你怎么突然回来了？看你这风尘仆仆的样子是不是有什么急事？"季梁说："我在路上遇见了一件怪事。"魏王忙道："遇到了什么事？说给我听听。"于是季梁便给魏王讲了一个故事。

季梁在路上遇到一个同路人。同路人说："我要去楚国。"季梁吃惊地问道："楚国明明在南方，你怎么朝北走啊？"这人回答说："没关系，我的马很好，肯定能到楚国。"季梁提醒他："你走错方向了，这样走会离楚国越来越远的。"这人马上回答："放心吧，我的盘缠和干粮不少，路有多远都不要紧。"季梁很着急地说："你方向走错了，这样走你是到不了楚国的！"那人很自信地说："放心，我的车夫驾车

技术非常好！"季梁见这人如此糊涂，只能无可奈何地摇摇头，叹了口气离开了。

魏王听了忍不住哈哈大笑："这个人太不明智了！有好马、好车夫、有钱又怎样，他走的是一条错路，只会得到相反的结果，无论怎么走也是离楚国越来越远啊。"季梁立刻附和道："此话一点不错，这人要去南面的楚国，一路向北，只会离自己的目的地楚国越来越远。而今，大王要成就霸业，一举一动都要取信于天下，方能树立权威；如果仗着自己国家大、兵力强，动不动就进攻他国，就不能建立威信，就像那个要去南方的人反而朝北走一样，只能离成就霸业的目标越来越远！"

魏王听了季梁的话，决定停止攻打赵国，百姓们都欢欣鼓舞。后来世人便用南辕北辙总结季梁所讲的故事，形容那些行动和目的完全相反的情况。

思考与启示

在生活和学习中，首先要明确自己的目标，并确保所采取的行动朝着正确的方向前进。如果目标不清晰或者方向错误，无论付出多少努力都难以达到预期，同时，在发现自己的行动与目的背道而驰时，要有勇气及时调整。

古代的 "车"

传说，车是夏代的奚仲创造的。黄帝之后，他因擅长造车而受到禹的器重，并被任命为车正。

到了商周时期，车的制作工艺已很精湛，车的种类也很丰富，有专门用于战争的战车，也有供贵族乘坐的豪华马车。战车在战争中发挥了重要作用，成为衡量一个国家军事力量的重要标志。

秦朝统一六国后，实行了车同轨制度，规定了车辆的轮距等标准，便于道路的建设和车辆的行驶。

随着时间的推移，车的种类越来越多，用途也越来越广。比如在《清明上河图》中，我们能看到用于装载货物的驴车，还有用于载人的牛车。

鹬蚌相争，渔人得利

赵且伐燕，苏代为燕谓惠王曰："今者臣来，过易水，蚌
（bàng）方出曝，而鹬（yù）啄其肉，蚌合而拑其喙。鹬曰：
'今日不雨，明日不雨，即有死蚌。'蚌亦谓鹬曰：'今日不出，
明日不出，即有死鹬。'两者不肯相舍，渔者得而并禽之。"

（选自《战国策·燕策二》）

解释 比喻双方相持不下，让第三者获利。

例句 他们二人为了一点小利益争执不休，岂知这是鹬蚌相争，渔
人得利，让别人有了可乘之机。

战国时期，各诸侯国之间战争不断。强大的秦国对燕、赵等国虎
视眈眈。有一次，赵国准备出兵攻打燕国，谋士苏代不赞成赵国的做
法。苏代赶到赵国劝谏国君赵惠文王不要攻打燕国。

到了赵国的都城邯郸，苏代请求拜见赵惠文王。赵惠文王早就得

到消息，知道苏代的来意，但是他故意装作什么都不知道的样子问道："苏代，你从燕国来我们赵国是要做什么？"

苏代拜了一拜，对赵惠文王说："君上，让臣下先给您讲个故事，您就知道我为什么而来了。"赵惠文王点点头，答应了苏代的请求。

苏代讲道："我在来贵国的路上，经过易水看到这样的情景：一只河蚌正在河岸上张开蚌壳晒太阳。这时一只鹬鸟看见了，就伸嘴去啄蚌肉。河蚌连忙合拢蚌壳，正好夹住了鹬鸟的嘴巴。鹬鸟用尽力气甩来甩去，还是拔不出嘴来。于是鹬鸟对河蚌说：'你还不松嘴吗？今天不下雨，明天不下雨，你就会被活活晒死！'河蚌不甘示弱地说：'如果我一直不松开，你一定会被饿死！'就这样，它们俩谁也不松口，一直僵持着。这时，走来一个渔夫把它俩全都抓走了。"

讲完故事，苏代开始劝说赵惠文王："现在赵国和燕国要是开战，这样长期打下去，两国的力量都会被削弱，就如同故事中的鹬鸟和河蚌一样，到时想吞并各国的秦国就会像渔夫一样，把赵国和燕国一起消灭，成为最终获利的一方，所以大王一定要三思啊！"

赵惠文王听了苏代的话，觉得很有道理，于是放弃了出兵攻打燕国的念头。后来，人们把苏代说的这个寓言故事概括成"鹬蚌相争，渔人得利"的成语，用来比喻双方不和，互相攻击，两败俱伤，结果让第三者占了便宜。

思考与启示

　　很多时候，人们因为一些小事而争执不休，互不相让，最终不仅浪费了时间和精力，还可能让第三方得利。我们不能只关注眼前的利益和冲突，从而忽视了整体利益，要有大局观，在做决策时要考虑到各种因素的影响，权衡利弊，避免因小失大。同时，也要学会与他人合作，共同应对外部的挑战。

拓展阅读

纵横家和合纵连横

　　纵横家是战国时从事政治外交活动的谋士，被《汉书·艺文志》列为"九流"之一。纵横家的代表人物有苏秦和张仪，他们分别代表合纵和连横两派。在《战国策》这本书里写的就是纵横家们的活动和合纵连横之术。

　　合纵连横是战国七雄魏、赵、韩、齐、秦、楚、燕这七个强大的诸侯国之间在兼并战争中拉拢国家的活动方式。

　　合纵是指弱国联合进攻强国。战国后期，秦国最强大，就是齐、楚、燕、赵、韩、魏等国联合抗秦。纵横家的代表就是苏秦。

连横是指随从强国去进攻其他弱国。在战国后期，就是指战国七雄中的某几个国家跟从秦国进攻其他国家。纵横家代表就是张仪。

在历史发展的检验下，连横最终帮助秦国战胜六国，统一天下，而合纵虽然在一定时期内保证六国的安全，但相比较而言，连横还是更有优势，瓦解了合纵联盟。

《晋书》

收录两晋异闻的正史典籍

关于作品

《晋书》：中国二十四史之一，是了解两晋历史的基本典籍。此书为唐朝房玄龄等人合著，作者共二十一人，唐太宗也是作者之一，他写了宣帝、武帝两纪和陆机、王羲（xī）之两传后论，所以也被题为"御撰"。

关于作者

房玄龄（579—648）：字乔（一说名乔，字玄龄），齐州临淄（今山东淄博市临淄区北）人。唐朝初期的大臣。协助唐太宗李世民筹谋统一，取得帝位。因为房玄龄善谋，杜如晦处事果断，被称为"房谋杜断"。

洛阳纸贵

司空张华见而叹曰："班张之流也。使读之者尽而有余，久而更新。"于是豪贵之家竞相传写，洛阳为之纸贵。

（选自《晋书·左思传》）

解释 原指晋时左思文章为人们喜欢，人们竞相传抄，使洛阳纸价大涨。形容作品为世人所重视，风行一时，流传甚广。

例句 他的作品上市后，很受欢迎，一时之间洛阳纸贵。

左思是西晋有名的文学家，洛阳纸贵的典故就源于他的作品《三都赋》写得太好了，抄写者众多，导致洛阳的纸张供不应求，价格高涨。

不过小时候的左思却不大受人欢迎。他出生在齐国临淄，也就是现在的山东淄博市。他的父亲和很多家长一样期望他能早日成才，让他学书法，学鼓琴，可他却什么都没学会。他的父亲有一次竟当着他的面对朋友说："我这个孩子悟性不如我，将来啊……唉……"

被自己的父亲看低，这让左思很难过。他感到很不甘心，于是开始发奋学习，用了一年的时间写了《齐都赋》。全家搬到洛阳后，他就开始构思《三都赋》，相传这一构思就是十年。家里的门庭间、篱笆上、厕所里都有纸和笔，他想起一句话就马上记录下来，纸张常常摆满了房间，就这样改了写，写了改，历经十年才写成了这一作品。

《三都赋》分《蜀都赋》《吴都赋》《魏都赋》三篇。前两篇分别由假想人物西蜀公子和东吴王孙称颂三国时蜀都、吴都的形势、物产、宫室等，末一篇则由魏国先生盛赞魏都的建设和魏国的政治措施，于曹操在汉末统一北方过程中的功业多有歌颂。

优秀的作品需要被读者看到，但当时的左思寂寂无闻，长相一般，口才不好，这在当时重美貌和口才的西晋来说是一个劣势。当时西晋有名的文学家陆机就曾经给弟弟写信嘲笑左思："这里有个村夫，想写《三都赋》，等他写成以后，我要用来盖酒瓮子。"

幸好，金子总是会发光的。相传当时有名的学士皇甫谧（mì）看到了这一作品，很是感慨，赞扬这个作品写得好，并欣然给这个作品写了序言。除此之外，他还请来中书著作郎张载为《三都赋》中的《魏都赋》作注，请中书郎刘逵（kuí）为《蜀都赋》和《吴都赋》作注并写序。

有了名人的推荐，《三都赋》被大家看到，凡是看到的人都夸这一作品写得好，当初嘲笑左思的陆机看了《三都赋》后自惭形秽（huì），烧了自己的手稿，表示辍（chuò）笔不写了。就这样通过口口相传，《三都赋》越来越火，很快就在洛阳风靡起来。由于当时没有发明印刷术，大家需要用纸张抄录下来阅读，因为抄写的人太多，造成洛阳的纸张一时供不应求，纸价大幅度上涨，遂引出"洛阳纸贵"的佳话。

思考与启示

左思在被轻视的时候，没有自暴自弃，而是发奋努力，为写《三都赋》历经十年艰辛。这启示我们成功并非一蹴而就，而需要长时间的积累和准备。在学习和追求梦想的道路上，我们也要不断地积累知识、经验和技能，通过持续的努力和沉淀，为实现目标打下坚实的基础，才能在机会来临时厚积薄发，取得卓越的成就。

拓展阅读

古代的纸和活字印刷术

中国的文房四宝有纸、墨、笔、砚四种。纸作为文房四宝之一，在东汉蔡伦改进造纸工艺以后，逐渐普及，到魏晋南北朝时期，成为主要的书写材料，这一时期的纸有麻纸、黄纸、左伯纸、银光纸等。

先是有的麻纸，后来为了延长纸的寿命并防虫蛀，人们对麻纸进行了再加工，将黄檗（bò）捣烂熬取汁液，浸染纸张。因其浸染的纸张多呈天然的黄色，被称为黄麻纸、黄纸。抄写经书和官府文书多用这种纸。皇帝发放的文告黄榜，就是因为用黄纸所写，才得此名称。

随着造纸技术的进一步提升，人们使用纸的范围越来越广，用纸抄书的行为越来越普遍，为此有了洛阳纸贵的前提。

不过用纸抄写还是太慢了，于是，古人在隋唐的时候，发明了雕版印刷术，到北宋时期，毕昇（shēng）发明了活字印刷术。活字印刷术是用胶泥刻字，然后用火烧制，使字模变硬。制版时，在一块四周有框的铁板上撒上松脂、石蜡和纸灰等，将烧制好的字模在铁板上排成版，用火将铁板中的松脂熔化，将字版压平，这样就可以印书了。

活字印刷术对人类文明的发展产生了重大的影响。活字印刷术传入朝鲜，之后传到日本及东南亚地区，又经丝绸之路传到波斯，后来经由蒙古人等传入欧洲。